Jonas Lanig

Führerschein: Saubere Umwelt

Grundwissen-Training in drei Differenzierungsstufen

5.–7. Klasse

PERSEN

Der Autor

Jonas Lanig war bis 2012 Lehrer für Deutsch, Sozialkunde und Geografie an einem Nürnberger Gymnasium. Er ist Autor zahlreicher pädagogischer Fachbücher und seit 2012 Bundesvorsitzender der Aktion Humane Schule.

Gedruckt auf umweltbewusst gefertigtem, chlorfrei gebleichtem und alterungsbeständigem Papier.

1. Auflage 2016

Grafik: www.fotolia.com (Einzelangaben im Quellenverzeichnis)
Satz: Satzpunkt Ursula Ewert GmbH, Bayreuth

ISBN: 978-3-403-23536-1

www.persen.de

Inhalt CD

Arbeitsblätter im editierbaren Word-Format
Lösungen als PDF und im editierbaren Word-Format
Übersichtsbogen für Lehrer
Führerscheinprüfung im editierbaren Word-Format
Zertifikate als PDF

Liebe Kolleginnen und Kollegen,

die Thematik „Saubere Umwelt“ betrifft in hohem Maße auch den Alltag der Jugendlichen. Sie wollen sich jeden Tag trendgerecht kleiden, sich in einem glänzenden Badezimmer zurechtmachen, sich im Supermarkt mit den neuesten Produkten eindecken, zu Hause natürlich immer eine leckere Mahlzeit auf dem Tisch haben – und nicht zuletzt tolle Freizeitaktivitäten erleben.

Dass die Erfüllung dieser und vieler weiterer Wünsche nicht ohne Auswirkungen auf die Umwelt bleibt, sollte den Heranwachsenden bewusst sein. Eine Auseinandersetzung mit umweltgerechtem Verhalten im Alltag ist deshalb notwendig. Auch in der Schule muss der Umweltschutz ernst genommen werden. Dies gilt sowohl für das Schulgebäude selbst als auch für die Planung von Unternehmungen, Veranstaltungen und Regeln im Schulalltag.

In der vorliegenden Publikation werden grundlegende Umweltfragen mit dem Erwerb eines Führerscheins verknüpft. Es dürfte der Motivation Ihrer Schüler guttun und ihren Arbeitseifer beflügeln, wenn sie sich ihren Zuwachs an Kompetenz und Wissen mit einem solchen Zertifikat belohnen lassen. Schließlich ist der Führerschein einer der biografischen Fixpunkte in der Lebensplanung junger Leute.
Um den differenzierten Möglichkeiten Ihrer Schüler gerecht zu werden, werden die Führerscheine in den Klassen A, B und C angeboten – eine Abstufung, die unterschiedlichen Schwierigkeitsgraden und Anspruchsniveaus entspricht:

- A = leicht
- B = mittlerer Schwierigkeitsgrad
- C = schwer

Auf jeder Anforderungsebene werden ähnliche Themen abgehandelt. Nach Beendigung eines Durchgangs legen Ihre Schüler dann jeweils eine entsprechende Prüfung ab. Dieses abgestufte Verfahren kommt der Arbeit mit heterogen zusammengesetzten Klassen und damit den Anforderungen eines inklusiven Lernens entgegen: Wer hier schneller vorankommt, kann es bis zum Führerschein C bringen. Wer sich aber mehr Zeit lassen möchte oder muss, wird auch mit dem Führerschein A oder B zufrieden sein.

Ich wünsche Ihnen, dass Ihre Schüler dem Thema „Saubere Umwelt“ manche spannenden, überraschenden und auch witzigen Einsichten abgewinnen können.

Jonas Lanig

Laufzettel	erledigt ✓
1 Immer sauber – aber nicht auf Kosten der Umwelt	☐
2 Einkaufen mit Köpfchen	☐
3 Die umweltfreundliche Schultasche	☐
4 Müll vermeiden – Müll trennen – Müll verwerten	☐
5 Energiesparen in der Schule	☐
6 Der tägliche Schulweg: sicher, gesund, nachhaltig	☐
Führerscheinprüfung A	☐

1 | Immer sauber – aber nicht auf Kosten der Umwelt (1)

In der Geschichte vom „Struwwelpeter" wird von einem Jungen berichtet, der sich nichts aus der täglichen Körperpflege macht: Er lässt seine Haare wachsen, schneidet sich nicht die Fingernägel und wäscht sich äußerst ungern. Am Schluss ändert der Struwwelpeter sein Verhalten. Dass man bei der täglichen Körperpflege aber auch Rücksicht auf die Umwelt nehmen sollte – davon ist in dieser Geschichte nicht die Rede. Wir aber wissen heute, dass regelmäßige Hygiene nicht nur dem eigenen Wohlbefinden guttut, sondern dass man dabei auch etwas für die Umwelt tun kann.

Wasser ist Leben

Das Wasser ist unser wichtigster Rohstoff. Denn ohne Wasser wäre auf unserem Planeten kein Leben möglich. Umso wichtiger sollte uns sein, dass wir mit diesem kostbaren Gut möglichst sorgsam umgehen. Der Durchschnittsdeutsche verbraucht jeden Tag 130 Liter Wasser. Wenn wir eines Tages nicht auf dem Trockenen sitzen wollen, müssen wir diese Menge reduzieren. Es kommt darauf an, das knappe Wasser möglichst intelligent einzusetzen und es nicht gedankenlos durch den Abfluss zu jagen.

1 Der Wasserverbrauch in den privaten Haushalten verteilt sich auf unterschiedliche Tätigkeiten. Dazu gehört die Wäsche ebenso wie das Blumengießen oder das Zähneputzen. Sortiere die folgenden Anwendungen so, wie es ihrem Anteil am Wasserbrauch privater Haushalte entspricht. Die Tätigkeit, die am meisten Wasser verbraucht, erhält die Platzziffer 1.

Platzierung	Anwendung
	Pflege des Autos
	Baden und Duschen
	Gartenarbeit
	Geschirrspülen
	Händewaschen und Zähneputzen
	Trinken und Kochen
	Toilettenspülung
	Wäschewaschen

1 | Immer sauber – aber nicht auf Kosten der Umwelt (2)

Tatort Badezimmer

Psychologen haben herausgefunden, dass wir uns im Badezimmer besonders gelöst und entspannt fühlen. Deshalb fangen hier manche spontan zu singen an. Das hat offensichtlich mit der hohen Luftfeuchtigkeit zu tun, die in diesem Rückzugsraum moderner Menschen herrscht. Wenn wir uns bei der täglichen Körperpflege dann auch noch umweltgerecht verhalten, verbindet sich die gute Stimmung mit einem guten Gewissen. Dazu ist keine aufwändige Umrüstung notwendig. Oft genügt schon der Verzicht auf bestimmte Gewohnheiten, um den Wasserverbrauch zu senken und so etwas für die Umwelt zu tun.

2 Im folgenden Text kannst du jeweils zwischen drei unterschiedlichen Aussagen wählen. Unterstreiche die Formulierung, die den Anforderungen einer umweltgerechten Körperpflege am ehesten entspricht.

Wer die Umwelt schont, muss deshalb nicht auf regelmäßige Hygiene verzichten. Es muss aber nicht das *monatliche/wöchentliche/tägliche* Vollbad sein, um sauber und erfrischt in den Tag zu starten. *Eine warme Dusche/eine Viertelstunde Gymnastik/ein ausgedehnter Spaziergang* erfüllt den gleichen Zweck. Nur, dass du damit die verbrauchte Wassermenge *ganz einsparen/halbieren/vermindern* kannst. Außerdem solltest du das Wasser *beim Einseifen/beim Haarewaschen/beim Untertauchen* nicht laufen lassen. Diesen Tipp zum Wassersparen solltest du auch beim Händewaschen befolgen. Außerdem solltest du hier den Wasserhahn nicht bis zum *Anschlag/Durchschlag/Überschlag* nach oben drücken. Denn so viel Wasser wird zum Händewaschen nicht benötigt. Schließlich solltest du dir den Mund nach dem Zähneputzen nicht unter laufendem Wasser ausspülen, sondern *eine eigene Bürste/ein eigenes Glas/eine eigene Zahnpasta* benutzen. Beim Zähneputzen solltest du das Wasser nicht laufen lassen. Hast du übrigens gewusst, dass eine Zahnpasta über 100 Chemikalien enthält? Du solltest dich deshalb lieber für ein Produkt aus *dem Drogeriemarkt/dem Onlinehandel/dem Reformhaus* entscheiden – weil das mit erheblich weniger Chemie auskommt. Ebenso solltest du auf ein Deo-Spray aus *Glas/Kunststoff/Metall* verzichten, weil das darin enthaltene Aluminium deine Haut reizen könnte. Außerdem solltest du versuchen, auf Kosmetika zu verzichten, für deren Entwicklung *Tiertransporte/Tierversuche/Tierzüchtungen* notwendig waren. Denn du wirst es nicht verantworten wollen, dass diese armen Geschöpfe für deine Schönheit leiden mussten. So wird die tägliche Körperpflege zu einem Praxistest umweltgerechten Verhaltens.

Das stille Örtchen

Bei genauem Hinsehen entpuppt sich die Toilette als Tatort zahlreicher Umweltsünden. So lässt jeder Deutsche am Tag 35 Liter besten Trinkwassers durch die WC-Spülung verschwinden. Das ist die zehnfache Menge dessen, was wir zum Trinken und Kochen verbrauchen. Auch auf dem stillen Örtchen kommt es deshalb auf ein umweltgerechtes Verhalten an.

1 | Immer sauber – aber nicht auf Kosten der Umwelt (3)

3 Dazu findest du hier unterschiedliche Vorschläge. Trage jeweils in die freien Kästchen ein, warum diese gut für die Umwelt sind!

Maßnahmen	Begründungen
Die Jungen sollten sich abgewöhnen, ihre „kleinen Geschäfte“ im Stehen zu verrichten.	
Du solltest die Toilette nicht als Mülleimer oder als Papierkorb missbrauchen.	
Für den Spülkasten empfiehlt sich der Einbau einer Stopp-Taste, mit der sich die Wassermenge reduzieren lässt.	
Auf die Verwendung von besonderen WC-Reinigern solltest du so weit wie möglich verzichten.	
Der Einsatz von chemischen Düften im Toilettenbereich ist völlig überflüssig.	
Du solltest lieber zur guten, alten Saugglocke greifen, als chemische Abflussreiniger zu verwenden.	
Das Toilettenpapier sollte am besten immer aus farblosem Recyclingpapier hergestellt und mit einem Umweltsiegel ausgezeichnet sein.	

2 | Einkaufen mit Köpfchen (1)

Das Weltklima ist in großer Gefahr. Aber viele Menschen können sich nicht vorstellen, was ihr täglicher Einkauf mit dem Klimawandel zu tun haben soll. Dabei gehören die Herstellung und die Entsorgung überzähliger Lebensmittel zu den wichtigsten Ursachen des weltweiten Klimawandels. So haben Wissenschaftler nachgerechnet, dass das Weltklima durch weggeworfene Nahrungsmittel genauso belastet wird wie durch den gesamten Straßenverkehr. Schließlich wird in unserem Land jedes achte Lebensmittel weggeworfen. In einer vierköpfigen Familie landen jedes Jahr 328 kg Lebensmittel in der Tonne. Deshalb gilt: Wer sich aktiv für das Weltklima einsetzen will, der sollte überlegt und geplant einkaufen. Gleichzeitig schont es den eigenen Geldbeutel.

Lieber geplant als spontan

Viele Menschen halten sich für besonders verantwortungsvoll, wenn sie die leeren Flaschen zum Altglascontainer bringen oder verdorbene Lebensmittel in der Biotonne entsorgen. Praktizierter Umweltschutz beginnt aber nicht bei der Mülltrennung, sondern schon beim Einkaufen. Hier kannst du dich für Produkte entscheiden, deren Herstellung das Weltklima möglichst wenig belasten. Und hier kannst du dich so zurückhalten, dass die Einkäufe später nicht auf dem Müll landen. Du musst dir also schon vorher überlegen, was du überhaupt brauchst. Schließlich sind die Spontankäufe von heute die Müllberge von morgen. (1)

1 Rico, Marie und Emre wollen beim Einkaufen etwas für den Umweltschutz tun. Du erfährst hier zunächst, was ihnen dabei besonders wichtig ist. Dann findest du unterschiedliche Empfehlungen für einen umweltgerechten Einkauf. Welcher Tipp dürfte dabei von wem gekommen sein? Notiere diese Namen jeweils neben der Empfehlung.

Rico: „Mir geht es vor allem darum, dass beim Einkaufen möglichst wenig Energie verbraucht wird. Deshalb möchte ich lange Wege mit dem Bus vermeiden und mich auch nicht von meinen Eltern zum Einkaufen chauffieren lassen."

Marie: „Ich möchte nicht irgendwas kaufen. Am liebsten sind mir Lebensmittel, die das Klima möglichst wenig belasten."

Emre: „Es ist schlimm, wie viele Lebensmittel weggeworfen werden. Deshalb möchte ich meinen Einkauf so gut planen, dass ich nichts in den Müll werfen muss."

Vorschläge für einen umweltfreundlichen Einkauf	Tippgeber/in
1. Ein größerer Einkauf in der Woche reicht oft schon. So kannst du verhindern, dass du täglich den Weg zum Supermarkt fahren musst.	
2. Du musst nicht immer mit dem Bus zum Einkaufen fahren. Einkäufe lassen sich auch mit dem Fahrrad oder zu Fuß erledigen.	

2 I Einkaufen mit Köpfchen (2)

Vorschläge für einen umweltfreundlichen Einkauf	Tippgeber/in
3. Du solltest nie mit leerem Magen zum Einkaufen gehen. Sonst lässt du dich nämlich vom Hunger leiten.	
4. In jedem Fall solltest du vorher eine Einkaufsliste anlegen, damit du nur das kaufst, was du wirklich brauchst.	
5. Wenn auf deiner Einkaufsliste nicht viel steht, sollte dir ein kleiner Tragekorb reichen. Ein großer Einkaufswagen verleitet dazu, überflüssige Dinge zu kaufen.	
6. Vorsicht vor Sonderangeboten! Sie locken mit scheinbar kleinen Preisen. Und oft kannst du mit den Produkten vielleicht gar nichts anfangen.	
7. Entscheide dich für frische Lebensmittel, statt für Dosen- oder Tiefkühlprodukte. Denke daran, mit welchem Aufwand diese hergestellt werden.	
8. Du solltest beim Kauf von Fleischprodukten äußerst zurückhaltend sein. Denn in der Fleischproduktion wird mehr Energie verbraucht, werden aber auch mehr Abgase freigesetzt als in der Pflanzenproduktion. Oft lässt sich Fleisch durch pflanzliche Lebensmittel ersetzen.	
9. Großpackungen sind immer eine heikle Sache. Du wirst dazu verleitet, mehr zu kaufen, als du für dich und deine Familie wirklich brauchst.	
10. Schau dir das Mindesthaltbarkeitsdatum immer ganz genau an! Daran lässt sich ablesen, wie lange du ein Produkt noch guten Gewissens verzehren kannst. Auch nach Ablauf dieses Datums kann es noch gut sein!	
11. Auf Einwegflaschen solltest du ganz verzichten und dich stattdessen lieber für Mehrwegverpackungen entscheiden.	

Einkaufsfalle Supermarkt

Wir wollen nur so viel einkaufen, wie wir später auch wirklich verbrauchen. Das nehmen wir uns jedes Mal vor, wenn wir einen Supermarkt betreten. Denn wir wollen keine Lebensmittel wegwerfen und damit das Klima belasten. Aber die Betreiber von Supermärkten verfolgen eigene Interessen. Deshalb haben sie sich zahlreiche Tricks einfallen lassen, um uns zu sinnlosen Einkäufen anzustiften. So erleben wir fast jeden Supermarkt als ein ausgeklügeltes System von Kaufanreizen, die aber nur den wenigsten von uns bewusst sind. Und deshalb werden wir unseren guten Vorsätzen bald wieder untreu.

2 | Einkaufen mit Köpfchen (3)

2 Du besuchst mit deinem kleinen Bruder einen Supermarkt. Der Kleine ist in einem Alter, in dem ihn alles interessiert und in dem er alles wissen möchte. Er überschüttet dich deshalb mit Fragen. Wie würdest du diese Fragen beantworten?

Was dein kleiner Bruder wissen möchte:	Welche Erklärung du dafür hast:
„Warum gibt es denn hier so riesige Einkaufswagen? So viel Hunger können die Leute doch gar nicht haben!“	
„Warum wird hier denn dauernd Musik gespielt? Die Kunden können Musik doch auch zu Hause hören!“	
„Warum sind am Obststand denn immer so große Spiegel angebracht? Äpfel, Bananen und Erdbeeren brauchen doch keinen Spiegel!“	
„Warum wird einem der Weg hier immer wieder versperrt? Und das auch noch von irgendwelchen Sonderangeboten!“	
„Warum sind die Sonderangebote denn ganz unordentlich aufgeschichtet? Die sollten einmal jemanden zum Aufräumen holen!“	
„Warum stehen hier Frauen herum, die einem Käse, Pudding oder Saft zu probieren geben? Ich weiß doch, wie so etwas schmeckt!“	
„Warum gibt es denn vor der Kasse so viele Süßigkeiten? Das Wichtigste muss doch ganz am Anfang stehen!“	

3 I Die umweltfreundliche Schultasche (1)

Die Städte und Gemeinden investieren viel, um die Schulen möglichst umweltgerecht zu gestalten. Darüber wird aber oft vergessen, dass auch jeder Einzelne zu einem besseren Umweltschutz beitragen kann – gerade in der Schule. Hier solltest auch du dich nicht darauf verlassen, dass auf dem Dach Solarzellen montiert und im Keller neue Heizkessel eingebaut werden. Beim Kauf von Schulmaterialien, beim Essen in der Schulmensa, beim Umgang mit dem anfallenden Müll kannst auch du beweisen, was dir die Umwelt wert ist.

Langlebig und schadstoffarm

Auch bei der Anschaffung von Schulmaterialien gilt: Falsche Kaufentscheidungen können die Umwelt belasten. Aus Umweltgründen ist nämlich nicht das billigste, sondern das langlebigste Produkt die beste Lösung.

Denn so werden weniger Rohstoffe verbraucht und es fällt weniger Müll an. So werden z. B. Malkästen angeboten, die zwar sehr günstig sind, bei denen sich aber keine Farbnäpfe austauschen und nachkaufen lassen. Wenn eine einzige Farbe aufgebraucht ist, ist deshalb der ganze Malkasten unbrauchbar. Dieses Beispiel zeigt: Auf lange Sicht rechnen sich langlebige Produkte eben doch – nicht nur für die Umwelt, sondern auch für den Geldbeutel.

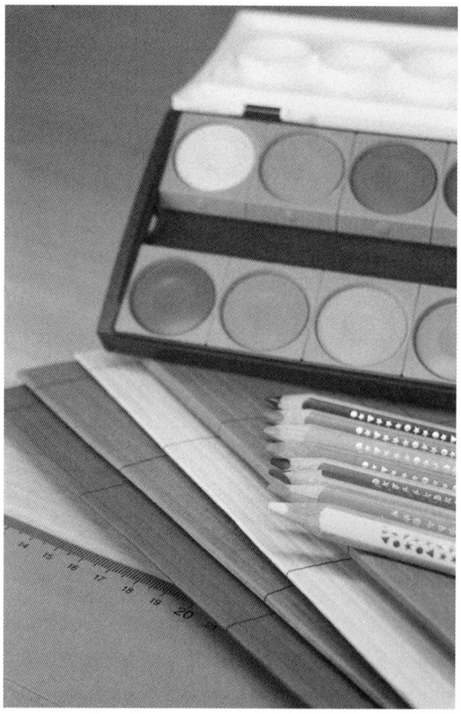

3 | Die umweltfreundliche Schultasche (2)

1 Im folgenden Text über die umweltverträgliche Schultasche werden dir jeweils drei Alternativen angeboten, von denen nur eine zutrifft. Unterstreiche jeweils die richtige Formulierung und notiere dir den dazugehörigen Buchstaben. Die einzelnen Buchstaben ergeben nacheinander gelesen ein bekanntes Umweltsiegel. Produkte, die dieses Zeichen tragen, kannst du bedenkenlos kaufen.

Viele Eltern gehen mit ihren Kindern zu Beginn des Schuljahres auf Einkaufstour. Die dürfen sich hier mit den großen und kleinen Dingen eindecken, die sie durch den Schulalltag begleiten. Im Rahmen einer solchen Einkaufstour sollte Wert auf umweltverträgliche Produkte gelegt werden. Das beginnt mit der Schultasche: Sie sollte nicht mehr als *ein Drittel des Körpergewichts (Z) ein Fünftel des Körpergewichts (A) ein Zehntel des Körpergewichts (B)* wiegen. In jede Schultasche gehört ein Federmäppchen. Du solltest dich hier für ein Mäppchen aus *Leder oder Stoff (L) Leder oder Plastik (M) Plastik oder Stoff (N)* entscheiden, denn hier ist eine lange Lebensdauer garantiert. Den besten Schutz für die Gesundheit der Schüler bieten *ungehobelte (Z) unlackierte (A) ungespitzte (B)* Bleistifte, weil hier das Bleistiftkauen zu keinen Schäden führt. Um nicht den ganzen Malkasten austauschen zu müssen, empfiehlt sich ein Produkt mit auswechselbaren *Farbtuben (T) Farbnäpfen (U) Farbklecksen (V)*. Zum Schreiben eignen sich Füllfederhalter besser als billige Kugelschreiber, denn solche *Schmierstifte (D) Einwegprodukte (E) Werbeartikel (F)* haben nur eine geringe Lebensdauer und landen schon nach kurzer Zeit auf dem Müll. Auf *Tintentöter (P) Tintenmörder (Q) Tintenkiller (R)* solltest du ganz verzichten, denn ihr Inhalt ist giftig und dürfte sich ebenfalls bald in der nächsten Mülltonne wiederfinden. Im Unterricht und bei den Hausaufgaben solltest du nur Hefte und Blöcke aus *Bio-Papier (C) Fairtrade-Papier (D) Recycling-Papier (E)* verwenden. Wenn du mit einem Anspitzer arbeitest, sollte dieser aus *Plastik (M) Metall (N) Porzellan (O)* sein. Wenn dein Kleber auf der Flasche als *feuergefährlich (G) wasserdicht (H) tropentauglich (I)* ausgewiesen ist, bedeutet das, dass er Lösungsmittel enthält. Und das wäre deiner Gesundheit bestimmt nicht zuträglich. Du solltest dich immer für einen Taschenrechner entscheiden, der mit *Batterien (D) Solarenergie (E) Knopfzellen (F)* betrieben wird. Denn davon gibt es auch in Zukunft genug. Du solltest dein Frühstücksbrot besser in einer Brotdose als in einem Frischhaltebeutel transportieren, weil dieser nach Gebrauch weggeworfen wird. Außerdem solltest du in deiner Schultasche immer eine Trinkflasche mitführen, die *bunt (J) unauffällig (K) nachfüllbar (L)* sein sollte. Schließlich kannst du so vermeiden, deinen Durst aus Einwegflaschen zu stillen.

4 | Müll vermeiden – Müll trennen – Müll verwerten (1)

Jeder Bundesbürger produziert im Verlauf eines Jahres nahezu eine halbe Tonne Hausmüll. Viele kluge Menschen machen sich Gedanken, wie sich diese Müllberge vermeiden lassen und wie die Umwelt weniger belastet wird. Die *Abfallhierarchie* beschreibt die Ergebnisse dieser Gedanken auf fünf Stufen:

Die *erste* Stufe der Abfallhierarchie ist die der *Müllvermeidung*: Wenn keine überflüssigen Abfälle anfallen, ist der Umwelt damit am besten gedient. Ein kleiner Schritt wäre zum Beispiel, bei täglichen Besorgungen auf Plastiktüten zu verzichten und stattdessen einen Einkaufskorb zu verwenden.

Auf der *zweiten Stufe* der Abfallhierarchie geht es um die *Wiederverwendung*: Gegenstände, die schon einmal in Gebrauch waren, werden nicht aus dem Verkehr gezogen, sondern an andere Verbraucher weitergegeben. Das ist zum Beispiel der Fall, wenn du deine Playmobil-Figuren auf dem Flohmarkt zum Verkauf anbietest.

Die *dritte Stufe* beschreibt das *Recycling* von Müll: Hier werden leere Verpackungen in Rohstoffe zurückverwandelt und dann weiterverarbeitet. So werden zum Beispiel die leeren Plastikflaschen, die du im Supermarkt abgibst, zu einem Granulat vermahlen, aus dem dann neue Flaschen gepresst werden.

Die *vierte Stufe* zielt auf die *Energetische Verwertung* der Abfälle ab: Hier wird der Müll verbrannt, um daraus Fernwärme zu gewinnen oder Strom zu produzieren. Das gilt zum Beispiel für die Abfalltonne, die regelmäßig von der Müllabfuhr abgeholt und zu einer Müllverbrennungsanlage gebracht wird.

Die *fünfte und letzte Stufe* ist der eigentlichen *Abfallbeseitigung* vorbehalten: Der Müll, der nicht weiterverarbeitet werden kann und aus dem sich weder Rohstoffe noch Energie gewinnen lassen, landet auf einer Deponie. So kann man zum Beispiel mit giftigen Lösungsmitteln oft nichts anderes anfangen, als diese sicher zu lagern.

Für die gesamte Abfallhierarchie gilt: Je tiefer ein Verfahren innerhalb der Hierarchie angesiedelt ist, umso effektiver lassen sich damit die wachsenden Müllberge abbauen.

Müllvermeidung beginnt im Kopf

Viele Menschen wundern sich darüber, wie schnell sich ihre Mülltonne füllt und wie viel Abfall bei ihnen in einer Woche zusammenkommt. Dabei ist der anfallende Müll oft nur Ausdruck eines verfehlten Einkaufsverhaltens: Unüberlegte und kopflose Einkäufe führen dazu, dass man umso mehr Verpackungen zu entsorgen hat. Deshalb solltest du dir schon vorher Gedanken machen,

- welche Produkte du wirklich brauchst und welche Mengen deinem Bedarf entsprechen.
- welche Verpackungen überflüssig sind und sich durch umweltfreundliche Lösungen ersetzen lassen.
- welche Wegwerfprodukte du weglassen und welche langlebigen Waren du dagegen eintauschen solltest.
- wie du die gekauften Waren nach Hause transportieren möchtest.

4 | Müll vermeiden – Müll trennen – Müll verwerten (2)

1 Du bist in einem Supermarkt unterwegs und hast zwölf Artikel auf deiner Einkaufsliste stehen. In welcher Form kann hier viel überflüssiger Müll anfallen? Notiere solche Beispiele in der Mitte. Und was solltest du tun, um solche Abfallsünden zu vermeiden? Trage deine Vorschläge jeweils auf der rechten Seite ein.

Das steht auf deinem Einkaufszettel	So fällt unnötiger Müll an	So kannst du Müll vermeiden
Äpfel		
Tee		
Senf		
Kaffeesahne		
Reis		
Salami		
Mischbrot		
Cola		
Deo-Spray		
Weichspüler		
Taschenlampe		
Feuerzeug		

4 I Müll vermeiden – Müll trennen – Müll verwerten (3)

So wirst du zum Entsorgungslotsen!

Die Vermeidung von Müll ist nur schwer zu messen. Verlässliche Zahlen liegen dagegen zur Wiederaufbereitung von Müll vor. So gibt die *Recyclingquote* an, in welchem Umfang der anfallende Müll wiederverwertet und an die Verbraucher zurückgegeben wird. Für die Abfälle aus deutschen Haushalten beträgt die Recyclingquote derzeit 50 %. Sie soll aber bis zum Jahr 2030 auf 70 % gesteigert werden.

Um dieses anspruchsvolle Ziel zu erreichen, müssen alle Bundesbürger mithelfen: Sie müssen sich bei der Mülltrennung noch mehr ins Zeug legen. Und sie müssen sich genauer informieren, wie einzelne Müllarten zu entsorgen sind. Sicher: Den gelben Sack, die blaue Tonne oder den Altglascontainer kennt jedes Kind. Aber viele wissen nicht, dass der Sperrmüll zu Hause abgeholt werden kann, dass sich der Bauschutt im Wertstoffhof entsorgen lässt und dass giftige Chemikalien zu einer Abgabestelle für Sondermüll gebracht werden müssen.

Es gibt professionelle *Abfallberater*, die die Verbraucher bei der Trennung und Entsorgung von Müll unterstützen. Viele Städte haben dazu eine eigene Hotline geschaltet, die sich 24 Stunden am Tag abrufen lässt. Du kannst selbst ein Entsorgungslotse werden – und für jeden Müll eine geeignete Verwertungsform kennen.

2 Du findest hier 18 Beispiele für den täglich anfallenden Abfall. Jeweils zwei Beispiele gehören zusammen, weil sie auf gleiche Weise entsorgt werden müssen. Verbinde die Beispiele richtig miteinander.

Marmeladenglas (weiß) 	 Turnschuhe
gebrauchte Kaffeefilter 	 Insektengift
abgelaufenes Medikament 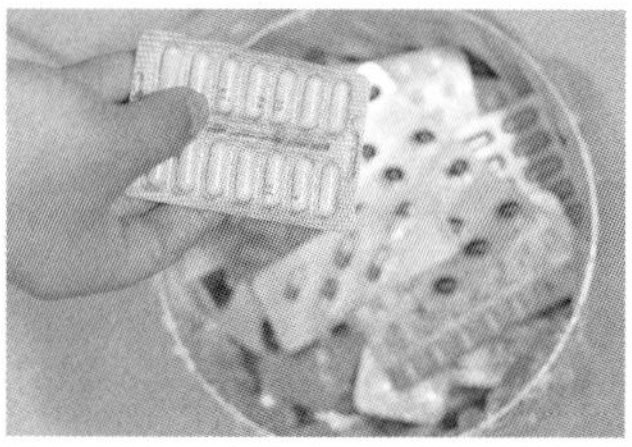	 Flasche

4 | Müll vermeiden – Müll trennen – Müll verwerten (4)

Jacke 	 Legosteine
Zeitschrift 	 Faltschachtel
Drucker 	 Küchenabfälle
Haarspraydose 	 Leiter
Wandfarbe 	 Plastikbecher
Papiertaschentücher 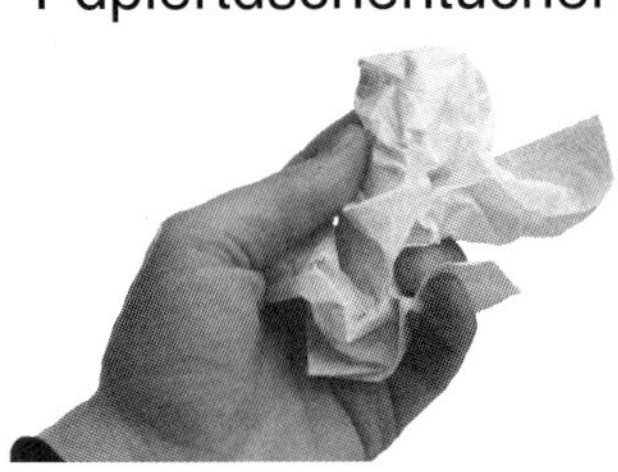	 Batterie

Jonas Lanig: Führerschein: Saubere Umwelt

5 | Energiesparen in der Schule (1)

Die Klimakatastrophe bedroht uns alle. In diesem Zusammenhang hat sich die Bundesrepublik Deutschland verpflichtet, den Ausstoß der klimaschädlichen Treibhausgase bis zum Jahr 2020 um 30 % zu senken. Dieses ehrgeizige Ziel lässt sich nur erreichen, wenn alle Menschen in Deutschland ihren Beitrag dazu leisten. Deshalb sind hier auch unsere Schulen gefordert: Um einen wirksamen Beitrag zum Klimaschutz zu leisten, müssen sie ihren Energieverbrauch herunterfahren. Das aber geht nur über eine Drosselung der Heizenergie, über eine Reduzierung des Warmwasserverbrauchs und über einen sparsamen Umgang mit elektrischem Strom. Dazu sind keine großen Umbauten notwendig.

Im Klassenzimmer fängt es an

Unsere Schulen verbrauchen bis zu 70 % mehr Energie als andere öffentliche Gebäude. Das hat offensichtlich damit zu tun, dass sich hier mehr Menschen aufhalten als in einem Amt oder einem Museum. Es kann aber auch daran liegen, dass nicht alle Möglichkeiten des Energiesparens bedacht werden. Sie setzen auf sparsame Leuchtkörper, auf doppelverglaste Fenster oder auf einen neuen Heizkessel – und übersehen dabei, dass oft schon ein paar Handgriffe ausreichen, um den Energieverbrauch im Klassenzimmer zu senken.

1 Du findest hier unterschiedliche Vorschläge, wie sich der Energieverbrauch im Klassenzimmer reduzieren lässt. Bei welcher Idee handelt es sich um eine Regel (R), die sich ohne jede technische Umrüstung durchsetzen lässt und nur eine Verhaltensänderung erfordert? Bei welchem Vorschlag handelt es sich um eine Maßnahme (M), die sich mit Unterstützung des Hausmeisters bewerkstelligen lässt? Und bei welcher Empfehlung handelt es sich um eine Anschaffung (A), mit der ein Besuch im örtlichen Bau- oder Gartenmarkt verbunden ist?

1. Jeweils zwei Schüler bilden für eine Woche ein Energiesparteam. Die beiden kümmern sich eine Woche lang darum, dass keine Energie vergeudet wird.	
2. An den Heizkörpern werden Thermostatventile angebracht, um eine Überheizung des Klassenzimmers zu vermeiden.	
3. Diese Themostatventile werden so eingestellt, dass im Klassenzimmer dauerhaft eine Temperatur von 20 °C herrscht.	
4. Nach dem Stundenende wird immer kontrolliert, ob die Fenster und Türen des Klassenzimmers wirklich geschlossen sind.	
5. Die Fenster werden nicht gekippt, sondern nach jeder Stunde für 3 bis 4 Minuten geöffnet. Diesen Vorgang nennt man „Stoßlüftung“. Während der Stoßlüftung wird die Heizung abgedreht.	
6. Einmal im Monat werden die Zwischenräume zwischen den Heizkörpern gesäubert. Diese Aufgabe übernimmt das Energiesparteam.	

5 | Energiesparen in der Schule (2)

7. Undichte Fenster werden nachträglich mit einem Schaumstoffband abgedichtet, damit keine Wärme aus dem Klassenzimmer austritt.	
8. Pflanzen im Klassenzimmer sorgen für ein angenehmes Raumklima und strahlen zusätzliche Wärme ab.	
9. Elternabende und Informationsveranstaltungen finden an einigen wenigen Terminen im Schuljahr statt, damit die Schule abends nur selten beheizt werden muss.	
10. Die Leuchtschalen und Reflektoren der Lampen werden regelmäßig gereinigt, um die Helligkeit zu erhöhen. Achtung: Die Lampen sollten ausgeschaltet und kalt sein.	
11. Die Schalter für die Leuchtreihen auf der Fenster- und auf der Türseite werden besonders markiert und bewusst nur nach Bedarf betätigt, denn künstliches Licht ist in Fensternähe oft überflüssig.	
12. Die Warmwasserhähne der Waschbecken werden abgetrennt, weil das Händewaschen auch mit kaltem Wasser möglich ist.	
13. Nach Unterrichtsschluss sorgt das Energiesparteam dafür, dass die Lampen und Elektrogeräte im Klassenzimmer ausgeschaltet sind.	
14. Dabei achten die Schüler auch darauf, dass sich die Elektrogeräte nicht im Stand-by-Betrieb befinden und dadurch zu Stromfressern werden.	

Ein Energierundgang durch die Schule

Vielerorts sind die Stadtwerke dazu übergegangen, den Schulen einen Teil der eingesparten Energiekosten zu erstatten. So können sich zum Beispiel die am *Fifty-Fifty-Projekt*[1] beteiligten Schulen über die Hälfte der Sparsumme freuen und damit sinnvolle Anschaffungen oder interessante Projekte finanzieren. Dabei hat es sich bewährt, wenn sich eine von Schülern und Lehrern gemeinsam gebildete Arbeitsgemeinschaft für ein dauerhaftes Energiesparen engagiert. Eine solche Energie-AG könnte dafür sorgen, dass

- in allen Klassen Energiesparteams im Einsatz sind, die ihre Mitschüler zu einem sparsamen Energieverhalten ermutigen.
- in allen Klassenzimmer ein umfangreicher Energie-Check durchgeführt wird, um die schlimmsten Energiefallen zu vermeiden.
- einmal im Schuljahr mit der Schulleiterin und dem Hausmeister ein Energierundgang durchgeführt wird.
- ein Raum im Schulhaus zum Modellklassenzimmer ausgestaltet wird.
- sich Schüler, Eltern und Lehrer einmal im Schuljahr zu einem Werktag treffen, bei dem energiesparende Baumaßnahmen durchgeführt werden.
- auf dem Dach der Schule eine Photovoltaik-Anlage installiert und diese Investition über eine Solar-AG finanziert wird.

1 http://www.fifty-fifty.eu/

5 | Energiesparen in der Schule (3)

2 **Bei einem Rundgang durch die Schule versucht ihr herauszubekommen, wie man es hier mit dem Energiesparen hält. Ihr seid überall im Schulhaus unterwegs. Denn euch interessiert, ob hier alle notwendigen Maßnahmen getroffen wurden. Worauf achtet ihr an den unterschiedlichen Stationen besonders? Trage in die linken Kästchen jeweils die richtigen Buchstaben der passenden Satzteile aus der rechten Spalte ein.**

Wo ihr bei eurem Rundgang durchs Schulhaus Station macht …		**… und worauf ihr dabei jeweils achtet.**	
1. Unser Blick richtet sich auf das Dach unseres Schulhauses, denn wir wollen wissen, ob …	☐	… sich hier Markierungen befinden (damit die Heizkörper nicht von Schulmöbeln versperrt werden).	a
2. Unseren Rundgang beginnen wir auf dem Dachboden der Schule. Hier interessiert uns vor allem, ob …	☐	… sich hier ein Windfang befindet, der die kalte Außenluft abhält und damit Heizkosten spart.	b
3. Mit einem Blick auf die Fassade vergewissern wir uns, ob …	☐	… sich hier (überflüssigerweise) ein Warmwasserzufluss befindet.	c
4. Die Türen im Außenbereich sehen wir uns ganz genau an. Denn uns interessiert, ob …	☐	… diese überhaupt intakt sind (denn ein defektes Ventil steht automatisch auf der höchsten Stufe).	d
5. Im Eingangsbereich der Schule achten wir darauf, ob …	☐	… diese mit dämmenden Materialien entsprechend „eingepackt“ wurde.	e
6. Unsere Besichtigungstour führt uns auch durch die Flure der Schule, wo wir darauf achten, ob …	☐	… hier eine Solaranlage installiert ist.	f
7. In den Klassenräumen fällt unser Blick zunächst auf den Boden. Denn wir wollen wissen, ob …	☐	… alle Scheiben doppelt verglast sind.	g

5 | Energiesparen in der Schule (4)

Wo ihr bei eurem Rundgang durchs Schulhaus Station macht ...		... und worauf ihr dabei jeweils achtet.	
8. Noch wichtiger ist für uns der Zustand der Fensterscheiben. Wir wollen überprüfen, ob ...	☐	... diese an der Unterkante jeweils mit Dichtungsbürsten ausgerüstet wurde.	h
9. Uns interessieren sogar die Lichtschalter im Klassenzimmer. Denn es kann uns nicht egal sein, ob ...	☐	... diese mit dämmenden Materialien (wie zum Beispiel Glaswolle) isoliert sind.	i
10. Bei den Handwaschbecken in den Klassenzimmern wollen wir wissen, ob ...	☐	... die Schalter für die Tür- und Fensterreihe entsprechend markiert sind (damit das Leuchtband in der Fensterreihe gegebenenfalls ausgeschaltet bleiben kann).	j
11. Mit einem Griff nach den Thermostatventilen überzeugen wir uns davon, ob ...	☐	... das Dach der Schule ordnungsgemäß gedämmt wurde.	k
12. Schließlich begutachten wir im Keller auch die Heizungsrohre. Hier informieren wir uns, ob ...	☐	... sich die Garderobenhaken außerhalb des Klassenzimmers befinden (und die Jacken und Mäntel nicht im Klassenzimmer trocknen müssen).	l

6 | Der tägliche Schulweg: sicher, gesund, nachhaltig (1)

Wie die Schüler täglich zur Schule kommen – dafür haben sich Pädagogen und Politiker lange Zeit nicht interessiert. Ihnen war nur wichtig, dass die jungen Leute rechtzeitig zum Unterricht erscheinen. Inzwischen aber denkt man darüber anders. So legen die Verantwortlichen inzwischen großen Wert darauf, dass die Schüler

- möglichst sicher zur Schule kommen, dass sie also nicht zum Opfer von Verkehrsunfällen werden. Immerhin wird derzeit jeder zehnte Schüler auf dem Schulweg verletzt (1).
- auf dem Weg zur Schule auch etwas für ihre Gesundheit tun. Schließlich führt der Bewegungsmangel junger Menschen unter anderem dazu, dass sie unter Haltungsschäden leiden.
- ihren Schulweg möglichst nachhaltig planen, den Schutz von Natur und Umwelt also immer im Auge haben. Wie nachhaltig die Schüler dabei vorgehen, entscheidet sich in erster Linie an der Wahl der Verkehrsmittel. Denn wer zu Fuß geht oder mit dem Fahrrad fährt, schont auch die Umwelt.

Wichtiger als Sicherheit, Gesundheit oder Nachhaltigkeit ist vielen Schülern aber ein möglichst bequemer Schulweg. Sie steigen deshalb lieber in Busse oder Bahnen oder lassen sich vom *„Elterntaxi“* in die Schule chauffieren.

Generation Rücksitz

Viele ältere Schüler entscheiden sich für das „Elterntaxi“, obwohl sie längst in der Lage wären, auf das Fahrrad umzusteigen oder den Weg zur Schule zu Fuß zurückzulegen. Ärzte sprechen deshalb bereits von der *„Generation Rücksitz“*. Gemeint ist der wachsende Anteil junger Leute, der es sich lieber auf den Polstern des Familienautos gut gehen lässt, statt den Weg zur Schule als einen Trainingsparcours für Fitness und Gesundheit zu nutzen.

1 Die folgenden Aussagen sind das Ergebnis einer Befragung unter 3 540 Schülern zu ihrem Verkehrsverhalten auf dem Schulweg (2). Dazu werden jeweils drei Alternativen angeboten. Unterstreiche die Alternative, die du für richtig hältst.

1. Die meisten Schüler kommen *mit dem Fahrrad/mit Bussen und Bahnen/mit dem Auto der Eltern* zur Schule.
2. Weil sich viele Schüler von ihren Eltern zur Schule bringen lassen, kommt es täglich zu *zwei/vier/sechs* Millionen zusätzlicher Autofahrten.
3. Die Jungen nutzen für den täglichen Schulweg häufiger *das Fahrrad/Busse und Bahnen/das Auto der Eltern* als die Mädchen.
4. Mehr als die Hälfte der Mädchen nutzt für den Weg in die Schule *das Fahrrad/Busse und Bahnen/das Auto der Eltern.*
5. Der Anteil der Schüler, die sich von den Eltern zur Schule chauffieren lassen, ist *an der Hauptschule/an der Realschule/am Gymnasium* am höchsten.

6 | Der tägliche Schulweg: sicher, gesund, nachhaltig (2)

6. In der Stadt kommen mehr Schüler *zu Fuß/mit dem Fahrrad/mit Bussen und Bahnen* zur Schule als auf dem Land.
7. Nirgends wird der Weg zur Schule so oft mit Bussen und Bahnen zurückgelegt, wie *auf dem Land/in kleineren Städten/in der Großstadt.*
8. An jedem *zweiten/dritten/fünften* Tag ereignet sich ein tödlicher Unfall auf dem Schulweg.
9. Die meisten Schüler, die auf dem Weg zur Schule verunglücken, sind *als Fußgänger/als Radfahrer/als Nutzer von Bussen und Bahnen* unterwegs.

Deine Schule auf dem Prüfstand

Das Ziel ist klar: Junge Menschen sollen dazu gebracht werden, ihren Schulweg wenn möglich zu Fuß oder mit dem Fahrrad zurückzulegen. Gleichzeitig sollen sie motiviert werden, ihren Schulweg so zu planen, dass er jenseits großer Straßen und belebter Kreuzungen verläuft. Viele Schulen haben erkannt, dass sie dazu einen aktiven Beitrag leisten müssen: Sie unterstützen den gesunden, sicheren und nachhaltigen Schulweg.

Die folgende Checkliste soll dir helfen, deine eigene Schule richtig einzuschätzen: Was tut man hier alles, um es den Fußgängern und Radfahrern möglichst leicht zu machen? Kreuze dazu alle Aussagen an, die auf deine Schule zutreffen! Kommst du dabei auf elf oder mehr Übereinstimmungen, kann deine Schule sehr zufrieden sein. Findest du zwischen sechs und zehn Übereinstimmungen, ist deine Schule schon auf einem guten Weg. Sind es aber fünf oder weniger Übereinstimmungen, muss sich an der Schulwegsituation dringend etwas ändern.

- ☐ Vor dem Schulhaus befindet sich ein ausreichend breiter Bürgersteig.
- ☐ Unmittelbar vor der Schule befindet sich ein Zebrastreifen, vor dem die Autofahrer anhalten müssen.
- ☐ Auf der Straße vor der Schule befindet sich eine Fußgängerinsel, die das Überqueren erleichtert.
- ☐ Vor der Schule befindet sich eine Fußgängerampel, die von den Schülern selbst bedient werden kann.
- ☐ Vor Unterrichtsbeginn und nach Schulschluss sind Schülerlotsen im Einsatz.
- ☐ In der Straße vor dem Schulhaus dürfen Kraftfahrzeuge nicht schneller als Tempo 30 fahren.

6 | Der tägliche Schulweg: sicher, gesund, nachhaltig (3)

- [ ] Vor dem Schulhaus herrscht ein absolutes Halteverbot, das auch für die Eltern der Schüler gilt.
- [ ] Alle Schüler erhalten einen *Schulwegplan* mit Empfehlungen für einen Schulweg ohne Unfallrisiken.
- [ ] Für die jüngeren Schüler wird ein *Walking Bus* organisiert.
- [ ] Die Schule organisiert eine Sammelbestellung für coole Fahrradhelme.
- [ ] Auf dem Schulgelände befindet sich ein überdachter Fahrradständer oder ein eigener Fahrradkeller.
- [ ] Den Schülern steht eine Fahrradwerkstatt offen, in der sie unter fachkundiger Leitung ihre Räder reparieren können.
- [ ] Auch den Lehrkräften ist es verboten, ihr Auto im Schulhof zu parken.
- [ ] Schüler, die nicht in unmittelbarer Nähe der Schule wohnen, können Busse und Bahnen kostenlos benutzen.
- [ ] Die ganze Schule beteiligt sich am 22. September am *„Zu-Fuß-zur-Schule"-Tag*[2] mit entsprechenden Aktionen.

2 http://www.zu-fuss-zur-schule.de/

FÜHRERSCHEINPRÜFUNG A

(Blatt 1)

1 Im Training hast du viele neue Wörter und Bezeichnungen kennengelernt. Deshalb weißt du jetzt, was man unter den folgenden Begriffen versteht: 6

- *Biotonne:* ....
- *Recycling:* ....
- *Spontankauf:* ....
- *Stand-by:* ....
- *Stoßlüftung:* ....
- *Wertstoffhof:* ....

2 Wie viel Liter Wasser verbraucht der Durchschnittsbürger am Tag? 1

☐ 20 Liter ☐ 50 Liter ☐ 70 Liter ☐ 130 Liter

3 Beantworte die folgenden Fragen: 4

a) Warum ist eine Dusche am Morgen dem täglichen Vollbad vorzuziehen?

....

b) Warum solltest du beim Zähneputzen immer ein Glas verwenden?

....

c) Warum sind Stehpinkler ein Problem für die Umwelt?

....

d) Warum solltest du eine Verstopfung lieber mithilfe einer Saugglocke beseitigen?

....

4 Ergänze die folgenden Satzanfänge so, wie es einem umweltgerechten Einkauf entspricht. 5

① Ein Großeinkauf in der Woche ist mir lieber als die täglichen Besorgungen, weil

....

② Ich greife im Supermarkt lieber zu einem Tragekorb als zu einem Einkaufswagen, weil

....

③ Ich halte mich außerdem immer ganz streng an meine Einkaufsliste, weil

....

④ Ich greife nicht nur nach den Produkten, die sich auf Augenhöhe befinden, weil

....

FÜHRERSCHEINPRÜFUNG A (Blatt 2)

⑤ Sonderangebote und Großpackungen versuche ich weitgehend zu vermeiden, weil

....

5 Warum wird der Weg der Kunden in einem Supermarkt immer wieder durch Tische mit Sonderangeboten versperrt? 1

....

6 Hier ist dein Pausenbrot am besten aufgehoben: 1

- ☐ in einem Stoffbeutel
- ☐ in einer Brotdose
- ☐ in einer Plastiktüte
- ☐ in einer Kühltasche

7 Welche Verpackung empfiehlt sich für eine Cola? 1

- ☐ eine Mehrwegflasche
- ☐ eine Einwegflasche
- ☐ eine Getränkedose
- ☐ ein Tetrapak

8 Als aufmerksamer Kunde weißt du, wie der anfallende Abfall entsorgt werden muss. Schreibe für die folgenden Abfälle jeweils eine geeignete Entsorgungsmöglichkeit auf. 6

a) ausgelesene Zeitschriften

....

b) abgestorbene Schnittblumen

....

c) aufgebrauchte Senftube

....

d) abgelaufenes Medikament

....

e) abgetragene Kinderkleidung

....

f) leere Saftflaschen

....

FÜHRERSCHEINPRÜFUNG A (Blatt 3)

9 Nenne fünf Möglichkeiten, wie sich in eurem Klassenzimmer der Energieverbrauch herunterfahren lässt. 5

① ....

② ....

③ ....

④ ....

⑤ ....

10 Weshalb sollten die Fensterscheiben im Klassenzimmer immer doppelt verglast sein? 1

....

11 In den folgenden Empfehlungen für einen umweltfreundlichen Schulweg hat sich jeweils ein unpassendes Wort eingeschmuggelt. Streiche dieses Wort durch und ersetze es durch eine passende Formulierung. 3

① Jeder Schüler sollte einen Schulwegeplan erhalten – für einen unwetterfreien und umweltfreundlichen Schulweg. ....

② Vor jedem Schulhaus sollte sich ein Antilopenstreifen befinden, vor dem die Autofahrer anzuhalten haben. ....

③ Die Autofahrer sollten vor Schulen und Kindergärten dazu gezwungen werden, ihren Spritverbrauch zu drosseln. ....

④ Vor und nach dem Unterricht sollte das Überqueren durch Verkehrsmatrosen geregelt werden. ....

⑤ Für Schüler sollte die Nutzung von Bussen und Bädern grundsätzlich kostenfrei sein. ....

⑥ Die Fahrradständer auf dem Schulgelände sollten überfüllt sein, um Schutz vor Regen zu bieten. ....

12 An welcher Schulart ist der Anteil der Schüler, die von ihren Eltern zum Unterricht chauffiert werden, besonders hoch? 1

....

35 Punkte kannst du erreichen. Viel Erfolg! 35

Laufzettel	erledigt ✓
1 Hausputz ohne Gift	☐
2 Gesund – regional – fair	☐
3 Sanfte Wandertage und Klassenfahrten	☐
4 Plastic Planet	☐
5 Klimaschutz im Haushalt	☐
6 Das große Umsteigen	☐
Führerscheinprüfung B	☐

1 | Hausputz ohne Gift (1)

Im internationalen Vergleich gelten die Deutschen als ausgesprochene Putzteufel. Allerdings vertrauen wir dabei nur allzu gern auf die Zauberkräfte aus dem Labor. Damit bei uns alles blitzt und strahlt, werden jedes Jahr 220 000 Tonnen Haushaltsreiniger verkauft – um damit die Böden zu schrubben, die Oberflächen zu wischen oder die Toilette zu reinigen. Dieser Großeinsatz der Chemie belastet den natürlichen Wasserkreislauf, denn nicht alle Stoffe können in den Klärwerken abgebaut werden. Außerdem können die chemischen Helfer im Haushalt Allergien auslösen, die sich bei vielen Menschen mit Hautreizungen oder Atemnot bemerkbar machen. Es sollte deshalb unser Ehrgeiz sein, beim Hausputz mit möglichst wenig chemischen Mitteln auszukommen. Von unseren Vorfahren könnten wir lernen, wie das funktioniert.

Muskelkraft statt Flaschengift
Der Umwelt zuliebe sollte jeder dazu beitragen, den Verbrauch von Putz- und Reinigungsmitteln einzuschränken. Dabei gilt der Grundsatz: Lieber öfter einmal kurz durchwischen als zu warten, bis sich der ganze Dreck in der Wohnung festgesetzt hat. Dem ist dann nämlich nur mit einem Großeinsatz chemischer Putzmittel beizukommen. Je mehr Schmutz wir außerdem mit Besen, Schrubber und Bürste beseitigen, umso weniger Chemikalien sind für den Hausputz notwendig. Deshalb solltest du lieber deiner eigenen Muskelkraft als dem Gift aus der Flasche vertrauen. In diesem Fall spricht man von *mechanischen Reinigungsmitteln.* Und davon gibt es eine ganze Menge.

1 Du findest hier ein ganzes Sortiment mechanischer Reinigungsmittel, von denen jeweils der erste und der letzte Buchstabe angegeben sind. Trage die fehlenden Buchstaben nach. (Umlaute wie ü oder ä gelten jeweils als ein Buchstabe.)

Dieses Textil wird zum Wischen verwendet:

T			H

Zum Kehren einfach unersetzlich:

B				N

Damit lassen sich Schmutzreste entfernen:

B					E

Mit diesem Gerät wird das Kochfeld wie neu:

S						R

1 | Hausputz ohne Gift (2)

Zum Fensterputzen und zum Reinigen der Dusche:

A							R

Darf an keinem stillen Örtchen fehlen:

K								E

Damit lässt sich die Verstopfung der Toilette oder anderer Abflüsse beheben:

S									E

Zum Reinigen der Gläser und des Geschirrs geeignet:

S										M

Zum Fegen so wichtig wie der Besen:

K											L

Weniger ist mehr.

In jedem Supermarkt gibt es ein Überangebot an Putz- und Reinigungsmitteln. Auch in vielen Haushalten sammelt sich eine Vielzahl unterschiedlicher Produkte, deren Nutzen oft gering und deren Schaden für die Umwelt umso größer ist. So könnte man auf diverse Desinfektionsmittel, Backofenreiniger oder Raumsprays verzichten. Letztlich reichen wenige Reinigungsmittel, um für alle denkbaren Schmutzprobleme gerüstet zu sein.

1 | Hausputz ohne Gift (3)

2 Welche dieser sieben Produkte erfüllen welchen Zweck? Trage die entsprechenden Buchstaben in die linken Kästchen ein!

Allzweckreiniger	a. Wird tatsächlich aus den Eingeweiden des Rinds gewonnen und im Haushalt als Fleckenmittel verwendet.
Geschirrspülmittel	b. Gut geeignet, um auf geraden Flächen Schmutzreste zu entfernen, ohne diese zu schädigen.
Scheuermilch	c. Ein uraltes Haushaltsmittel und gut für unempfindliche Flächen.
Zitronensäure	d. Damit lassen sich Kalkreste beseitigen und gefährliche Bakterien vertreiben – ist aber nicht so aggressiv wie Essigsäure.
Schmierseife	e. Damit lassen sich nicht nur Bestecke und Gläser, sondern auch Böden und Fliesen reinigen.
Gallseife	f. Ist auch als Neutralreiniger erhältlich und überall im Haushalt einsetzbar.

2 | Gesund – regional – fair (1)

Im internationalen Vergleich gelten die Deutschen als Schnäppchenjäger: In keinem anderen Industrieland verhalten sich die Kunden so preisbewusst wie bei uns. Dieses Interesse am günstigen Einkauf hat aber auch seine Nachteile: Zwischen den Handelsketten und den Discountern tobt ein regelrechter Preiskampf. Keine Frage: Lebensmittel, die auf ungesunde Zutaten verzichten, die aus der engeren Heimatregion stammen und für die keine Arbeitskräfte ausgebeutet werden, sind teurer als die vielen Billigangebote, die sich im Supermarkt oder beim Discounter stapeln. Viele Kunden sind aber gern bereit, höhere Preise zu bezahlen, wenn sie beim Einkauf kein schlechtes Gewissen mehr haben. Und so viel teurer wird es meist gar nicht: So kann es sein, dass eine Tafel Schokolade aus dem *Fairen Handel* nur zehn Cent mehr kostet als ein herkömmliches Produkt. Damit lässt sich das Einkommen eines Kakaobohnenpflückers aber verdoppeln. Gegen einen geringen Aufpreis lässt sich also erreichen, dass wir uns gesünder ernähren, die Arbeitsplätze in der Region erhalten und etwas gegen die Ausbeutung in den Entwicklungsländern unternehmen.

Total regional

Moderne Transportmittel machen es möglich: Lebensmittel aus aller Welt können täglich nach Deutschland befördert und im Supermarkt verkauft werden. Allerdings hat dieses fast unbegrenzte Angebot auch seine Nachteile. So wird bei der Einfuhr von Lebensmitteln unverhältnismäßig viel Energie verbraucht. Deshalb handeln immer mehr Kunden nach der Devise: „So nah wie möglich, so fern wie nötig." Sie entscheiden sich für Lebensmittel aus der Region. Und das heißt, dass diese Produkte in einem Umkreis von höchstens 50 Kilometern angepflanzt, geerntet und weiterverarbeitet werden. Du findest solche regionalen Lebensmittel

- in den *Hofläden*, die einzelne Bauern ihren Betrieben angegliedert haben.
- auf *Bauern- und Wochenmärkten*, wo die Landwirte ihre Erzeugnisse direkt verkaufen.
- in den *Abo-Kisten*, die ein Bauer deiner Familie nach Hause liefert.
- im *Regionalkaufhaus*, wie es inzwischen in einigen Städten zu finden ist.

1 In einigen fränkischen Supermärkten gibt es eine Regionaltheke: Hier finden die Verbraucher Produkte aus der engeren Heimat. Und sie können sicher sein, dass diese auf kurzen Wegen angeliefert wurden. Leider muss das aber nicht für alle Produkte gelten. – Streiche alle Waren aus, die in der Regionaltheke nichts verloren haben, weil sie nicht aus dem engeren Umland kommen und vielleicht schon weite Transportwege hinter sich haben.

In der Regionaltheke				
Milchreis	Quitten-marmelade	Walnüsse	Kiwis	Crème fraîche
Mangosaft	Blumenkohl	Pistazien	Ahornsirup	Pfirsiche

2 | Gesund – regional – fair (2)

Steinpilze	Honig	Chicorée	Sellerie	Brokkoli
Avocados	Saure Sahne	Kakaopulver	Kaffeesahne	Erdnüsse

Kein schlechtes Gewissen

Viele Produkte aus dem Angebot unserer Supermärkte werden in Entwicklungsländern geerntet oder hergestellt. Hier herrschen überwiegend Arbeitsbedingungen, die man hierzulande niemandem zumuten würde. Und hier werden Umweltschäden in Kauf genommen, die bei uns nicht akzeptiert würden. Immer mehr Kunden suchen nach einer Alternative und sind bereit, dafür einen höheren Preis zu zahlen. An sie richtet sich das System des *Fairen Handels*: Hier werden Produkte angeboten, für die niemand ausgebeutet wurde. Inzwischen sind sehr viele solcher Produkte auf dem Markt. Du findest sie nicht nur in Eine-Welt-Läden, sondern inzwischen auch im Supermarkt oder beim Discounter. Ob es sich hier wirklich um fair gehandelte Waren handelt, erkennst du an einem entsprechenden Gütesiegel (GEPA, Fairtrade …).

2 Fair gehandelte Produkte werden unter akzeptablen Bedingungen hergestellt – was die Arbeitsbedingungen und was die Behandlung der natürlichen Umwelt betrifft. Trage in die Lücken der folgenden Informationen jeweils die passenden Produkte ein. So erfährst du, was das Siegel des Fairen Handels alles garantiert.

Bananen – Blumen – Fußbälle – Kaffee – Orangen – Reis – Schokolade – T-Shirts

1. Beim Anbau von fairem ______________ vertraut man auf den Anbau traditioneller Sorten. Damit geraten die Bauern nicht in die Abhängigkeit von ausländischen Konzernen.
2. Um faire ______________ zu ernten, werden die Stauden nicht mehr künstlich gedüngt. Deshalb gibt es in den Anbaugebieten wieder sauberes Wasser.
3. Beim Kauf fairer ______________ wird den Kunden garantiert, dass zur Ernte keine Kinder eingesetzt werden – und dass diese stattdessen eine Schule besuchen.
4. Mit fairer ______________ können wir dazu beitragen, dass die mühsame Handarbeit beim Pflücken der Bohnen endlich angemessen bezahlt wird.
5. Fairer ______________ garantiert den Pflückern in Afrika und Mittelamerika stabile Preise. So verfügen sie über ein verlässliches Einkommen – und sind nicht länger von den Preisschwankungen auf dem Weltmarkt abhängig.
6. Wenn faire ______________ auf den Plantagen wachsen, wird hier keine Chemie eingesetzt. Die Pflücker müssen also keine Angst mehr haben, sich an Händen und Armen zu verletzen.
7. Faire ______________ werden nicht in einsturzgefährdeten Fabriken produziert. So müssen die hier tätigen Frauen nicht länger um ihre Sicherheit fürchten.
8. Für das Nähen fairer ______________ werden Löhne gezahlt, von denen die Arbeiter auch leben können. Und die Kinderarbeit ist hier weitgehend abgeschafft.

3 | Sanfte Wandertage und Klassenfahrten (1)

Die Folgen des Massentourismus sind nicht zu übersehen: Um die vielen Touristen unterzubringen und zu unterhalten, wird stark in die Natur eingegriffen. Wer sich im Urlaub auf eine idyllische Berglandschaft oder ein malerisches Fischerdorf gefreut hat, findet dort ausladende Hotelburgen, vierspurige Straßen und überfüllte Skilifte vor. Damit zerstört der Massentourismus aber seine eigenen Grundlagen. Denn wer die Natur sucht, wird sich zwischen Betonwänden auf Dauer nicht wohlfühlen. Aber auch das gibt es: Einen Tourismus, der die Umwelt nicht beschädigt, sondern sich der Eigengesetzlichkeit der Natur anpasst. Dafür hat sich der Begriff des „sanften Tourismus" eingebürgert. Hier können die Erholungssuchenden damit rechnen,

- dass sich die Urlaubsziele in kurzer Zeit erreichen lassen und dass dabei möglichst wenig Energie verbraucht wird.
- dass auf Eingriffe in die natürliche Umwelt möglichst verzichtet wird und diese weitgehend intakt bleibt.
- dass Bauten und Anlagen immer im Einklang mit der Natur errichtet und deshalb nicht wie ein Fremdkörper empfunden werden.
- dass sich die Natur in ihrem ursprünglichen Zustand und in unmittelbarer Nähe erleben lässt.
- dass die Kultur der Einheimischen respektiert und ihnen kein fremder Baustil aufgedrückt wird.

Bei der Planung eines Wandertags oder der nächsten Klassenfahrt habt auch ihr euch zu entscheiden: Wollt ihr eine wahrscheinliche Beeinträchtigung von Natur und Umwelt in Kauf nehmen – oder wollt ihr doch lieber auf den „sanften Tourismus" setzen? Wer wie ihr die Wahl hat, steht immer auch in der Verantwortung.

Der Natur auf der Spur

Der Wandertag wurde vor über 100 Jahren erfunden. Jungen Menschen aus der Großstadt sollte so die Möglichkeit gegeben werden, Natur und Umwelt aus erster Hand kennenzulernen. Mit dem Wandertag waren ursprünglich keine endlosen Eilmärsche angedacht, sondern spannende und überraschende Erlebnisse in der Natur. Der Wandertag war also ein sanftes Fahrtenprojekt, weil hier Natur und Geldbeutel geschont wurden. Auch heute sind erlebnisreiche Wandertage denkbar, die ohne lange Anreise und hohe Eintrittspreise auskommen.

3 | Sanfte Wandertage und Klassenfahrten (2)

1 In der folgenden Aufstellung wird jeweils ein sanfter Wandertag einem kommerziell geprägten Fahrtenprojekt gegenübergestellt. Kreuze jeweils den Vorschlag an, der den Anforderungen der Umweltschutzes und der Naturbegegnung eher gerecht wird und notiere dir den entsprechenden Buchstaben. Die richtigen Buchstaben ergeben hintereinander gelesen einen Begriff, mit dem das eigentliche Anliegen des Wandertages viel besser zum Ausdruck kommt.

Wir wandern durch 14 unterschiedliche Höhlen.	E	Wir besuchen gemeinsam eine Go-Kart-Bahn.	F
Wir sehen uns in einem IMAX-Kino Naturfilme an.	Q	Wir sind mit einem selbstgebauten Floß unterwegs.	R
Wir rasen auf einer Sommerrodelbahn ins Tal.	K	Wir beteiligen uns an einer Rallye durch unsere Heimatstadt.	L
Wir fahren gemeinsam mit dem Fahrrad zum Badesee.	E	Wir fahren mit dem Bus zum „Legoland“.	F
Wir verabreden uns zu einem Besuch auf dem Rummelplatz.	A	Wir leben für einen Tag wie die Menschen in der Steinzeit.	B
Wir wandern gemeinsam durch die Nacht.	N	Wir besuchen ein Spaßbad mit Riesenrutsche.	O
Wir absolvieren einen Orientierungslauf durch unbekanntes Terrain.	I	Wir erleben eine Flusslandschaft vom Ausflugsdampfer aus.	J
Wir messen unsere Geschicklichkeit beim Minigolf.	R	Wir bauen in der Natur einen „Jahrmarkt der Sinne“ auf.	S
Wir verbringen einen ganzen Tag im Freizeitpark.	S	Wir lassen uns von einer „Kräuterhexe“ in ihre Kunst einweisen.	T
Wie spielen „Scotland Yard“ – aber diesmal live.	A	Wir lassen uns durch einen Industriebetrieb führen.	B
Wir besuchen gemeinsam ein Funsport-Center.	F	Wir verlängern den Wandertag um einen weiteren Tag – Übernachtung im Freien inbegriffen.	G

Auf großer Fahrt

Mit der ganzen Klasse auf große Fahrt zu gehen, gehört zu den schönsten Errungenschaften des Schullebens. Allerdings kann und will es die Schule nicht mit Reiseveranstaltern aufnehmen: Hier könnt ihr keine Kreuzfahrt, keinen Cluburlaub und keine Wellnesswoche buchen. Stattdessen könnt ihr euch auf ein Fahrtenerlebnis freuen, wie es euch kein kommerzielles Reisebüro bietet. Leitbild einer gelungenen Klassenfahrt sollte dabei der sanfte Tourismus sein. Hier ist wenig Komfort mit viel Abenteuer verbunden. Und gerade das erwarten junge Leute von einer gelungenen Fahrt.

3 | Sanfte Wandertage und Klassenfahrten (3)

2 Damit eure nächste Klassenfahrt ein Erfolg wird, solltet ihr euch in jeder Hinsicht für eine naturnahe und umweltverträgliche Lösung entscheiden. – Erstelle deshalb für die folgenden fünf Kategorien der Fahrtenplanung jeweils ein Ranking: Die sanfteste Lösung bekommt die Platzziffer 1, die nächstbeste Alternative die 2 und so weiter.

Reiseziel				
Berlin	Gardasee	Mallorca	Paris	Thüringer Wald

Unterkunft				
Hotel	Jugend-herberge	Pension	Selbstversor-gerhaus	Zeltplatz

Verpflegung				
Fast Food	Fertiggerichte	frisch gekocht	veganes Essen	vegetarische Kost

Programm				
Freilicht-museum	Geländespiel	Klettergarten	Skaterbahn	Stadtrundfahrt im Bus

Höhepunkt				
Besuch des Serengeti-parks	Bungee-Jumping	Fahrt mit der Pferdekutsche	Mit den Inlinern unterwegs	Übernachten im Freien

4 | Plastic Planet (1)

Die Entwicklung der Kunststoffe gilt als eine wichtige Errungenschaft der Menschheitsgeschichte. Plastik als Werkstoff besitzt viele positive Eigenschaften: Es ist leicht, elastisch und haltbar – und schon deshalb für viele Anwendungen geeignet. Erst nach und nach zeigte sich die schöne, bunte Plastikwelt von ihrer hässlichen Seite: Denn Plastik ist nicht biologisch abbaubar. Während Holz allmählich verrottet und schließlich ganz zerfällt, bleiben Produkte aus Plastik für immer ein Fremdkörper – und damit eine Belastung für Natur und Umwelt. Je mehr die Erde zu einem *Plastic Planet* wird, umso mehr erstickt sie unter den nicht organischen Abfällen. Inwieweit wir in unserem Alltag auf Plastik verzichten können – das sollte uns deshalb ein Nachdenken wert sein.

Die vermüllten Weltmeere

1997 steuerte der Kapitän Charles Moore sein Schiff in eine riesige Ansammlung von Plastikabfällen, die sich wie eine Insel im Nordpazifik ausbreitete. Dabei wurde dem erfahrenen Fahrensmann klar: In den Weltmeeren befindet sich viel mehr Plastikmüll als bisher angenommen. Seitdem haben sich auch andere Forscher mit dieser Erscheinung beschäftigt und dabei festgestellt, dass jedes Jahr 6,4 Tonnen Plastikmüll ins Meer gelangen. Dadurch sind die Lebensbedingungen unter Wasser massiv bedroht – für die Meerestiere ebenso wie für den Menschen.

Dabei sind die Ozeane enorm wichtig, um ein Überleben der Menschheit zu sichern. So könnten Algen aus den Weltmeeren dazu beitragen, die Ernährungsprobleme der Weltbevölkerung zu lösen. Außerdem könnte sich das Meereswasser in Süßwasser umwandeln lassen, um den wichtigsten Rohstoff der Menschheit zu sichern. Wenn aber die unermesslichen Weltmeere zu einer einzigen Mülldeponie verkommen, können sie keinen Beitrag zum Fortbestand unserer Gattung leisten.

1 Zu den folgenden Informationen über die Vermüllung der Weltmeere werden dir jeweils drei Alternativen angeboten. Entscheide dich immer für die Antwort, die dir besonders plausibel erscheint und kreuze diese an!

Seit Beginn des Plastikzeitalters sind große Mengen an Kunststoffen produziert worden. Diese würden ausreichen, um unseren Planeten

☐ einmal in Plastikfolie einzupacken ☐ dreimal in Plastikfolie einzupacken
☐ sechsmal in Plastikfolie einzupacken

Kunststoffe werden für ganz unterschiedliche Verwendungszwecke produziert. Auf dem ersten Platz stehen dabei

☐ Baumaterialien ☐ Verpackungen ☐ elektronische Bauteile

Überall entsorgen die Menschen ihren Müll im Meer. Der Plastikmüll kommt dabei auf einen Anteil von

☐ 40 % ☐ 70 % ☐ 90 %

4 | Plastic Planet (2)

Der Plastikmüll findet sich inzwischen auch an unbewohnten Stränden. Die Ursache dafür ist

☐ die Strömung ☐ die Schifffahrt ☐ der Tourismus

An manchen Stellen in den Weltmeeren kommt es zu größeren Ansammlungen von Plastikmüll. Es bildet sich dann ein *Müllstrudel*. Der *Great Pacific Garbage Patch* im Nordpazifik z. B. umfasst eine Fläche von der Größe

☐ Bayerns ☐ Mitteleuropas ☐ Australiens

Der Plastikmüll in den Weltmeeren wird durch den Wind, durch das Sonnenlicht und durch den Wellengang in immer kleinere Teile zersetzt. Diese nennt man auch

☐ Mikroplastik ☐ Miniplastik ☐ Milliplastik

Der Plastikmüll im Meer ist so gefährlich, weil sich hier Umweltgifte ablagern. Kunststoffe saugen solche Gifte wie ein Schwamm auf. Die Giftkonzentration ist deshalb im Plastikmüll

☐ hundertmal höher als im Wasser ☐ tausendmal höher als im Wasser
☐ millionenfach so hoch wie im Wasser

Immer wieder kommt es vor, dass Tiere den Plastikmüll im Meer für Nahrung halten. Daran sterben jedes Jahr

☐ eine halbe Million Seevögel ☐ eine Million Seevögel ☐ zehn Millionen Seevögel

Über die Fische und andere Meerestiere landen die Müllpartikel dann auch auf unseren Tellern. Den Weg dorthin nennt man

☐ den Nahrungskreislauf ☐ die Nahrungskette ☐ den Nahrungszug

Es muss nicht immer Plastik sein!

In seinem Dokumentarfilm „Plastic Planet“ schildert der Regisseur Werner Boote die Belastung unserer Ozeane durch die Ansammlung von Plastikmüll. Manche Zuschauer haben sich nach einer Vorführung des Films vorgenommen, auf den Gebrauch von Plastikprodukten ganz zu verzichten. Dabei dürfte es ihnen nicht nur um den Erhalt der Weltmeere gehen – sondern auch um das eigene Wohlergehen. Schließlich enthalten die meisten Kunststoffe sogenannte *Weichmacher*, weil sie sich so leichter verarbeiten lassen. Von diesen Weichmachern gehen gesundheitliche Gefahren aus. So sind manche Forscher davon überzeugt, in den Weichmachern krebsfördernde Substanzen nachgewiesen zu haben. Aus gutem Grund darf deshalb in den Ländern der Europäischen Union kein Kinderspielzeug verkauft werden, das solche Weichmacher enthält. In unserer bunten Plastikwelt lauern also zahlreiche Gefahren, die sich durch eine andere Lebensführung vielleicht vermeiden ließen.

4 | Plastic Planet (3)

2 Samantha ist fest davon überzeugt, dass es ohne Plastik nicht geht. Ihr Klassenkamerad Samuel möchte ihr das Gegenteil beweisen. Was würde Samuel seiner Mitschülerin antworten, wenn ihm diese von ihrem täglichen Umgang mit zahlreichen Plastikprodukten erzählt? – Trage jeweils in die rechten Kästchen plastikfreie Alternativen ein.

Samantha hilft im Haushalt regelmäßig mit. Deshalb weiß sie auch, was ihrer Familie guttut:	**Samuel engagiert sich in einer Umweltgruppe. Deshalb weiß er, wie sich Plastik vermeiden lässt:**
„Ich habe eine Brotdose aus Plastik. So bleibt mein Pausenbrot appetitlich und frisch.“	
„Für die große Wäsche kaufen wir einen Weichspüler, der sich in der Plastikflasche gut transportieren lässt.“	
„Meinen Joghurt löffle ich am liebsten aus einem Joghurtbecher mit Aludeckel.“	
„Für meinen kleinen Bruder kaufen wir Windeln, wie man sie aus der Fernsehwerbung kennt.“	
„Gegen den Durst gibt es bei uns Mineralwasser in den praktischen PET-Flaschen.“	
„Geschenke werden bei mir immer eingepackt. Dazu verwende ich ein Klebeband aus Kunststoff.“	

4 | Plastic Planet (4)

Samantha hilft im Haushalt regelmäßig mit. Deshalb weiß sie auch, was ihrer Familie guttut:	Samuel engagiert sich in einer Umweltgruppe. Deshalb weiß er, wie sich Plastik vermeiden lässt:
„Zum Putzen verwenden wir ein saugfähiges Schwammtuch aus Plastik.“	
„Zum Duschen am Morgen verwende ich ein Duschgel aus der Plastikflasche.“	
„Essensreste werden bei uns mit einer Frischhaltefolie abgedeckt und in den Kühlschrank gestellt.“	
„Zum Einkaufen verwende ich Plastiktüten, die an der Supermarktkasse für ein paar Cent zu haben sind.“	
„Mit dem Geschirrspülmittel aus der Plastikflasche wird der tägliche Abwasch zum Kinderspiel.“	
„Übrig gebliebene Speisen kommen bei uns in einen Gefrierbeutel – und dann ab ins Tiefkühlfach.“	
„Bei Cola und Säften entscheiden wir uns gern für die leichten PET-Flaschen.“	

5 | Klimaschutz im Haushalt (1)

Experten weisen schon lange darauf hin, dass es auf der Erde immer wärmer wird. So wurde für das Jahr 2014 die höchste Durchschnittstemperatur auf unserem Planeten gemessen: 10,3 °C[3]. Hier deutet sich eine Klimakatastrophe an, in deren Verlauf der Golfstrom verschwinden kann oder ein Abschmelzen der Polkappen zu befürchten ist. Unmittelbare Begleiterscheinungen der Erderwärmung sind jetzt schon Überschwemmungen, Dürrekatastrophen und Waldbrände. Verursacht wird die Erwärmung unseres Planeten durch eine erhöhte Konzentration von Treibhausgasen in der Atmosphäre. Dazu gehört neben Methan, Ozon und Wasserdampf vor allem *Kohlendioxid*. Dieses Treibhausgas wird bei der Verbrennung der fossilen Brennstoffe Kohle, Öl oder Gas freigesetzt. Um den Ausstoß von Kohlendioxid zu verringern, muss deshalb der Energieverbrauch gesenkt und gleichzeitig der Ausbau der erneuerbaren Energien vorangetrieben werden. Daran haben sich die Industrie, der Verkehr und die privaten Haushalte zu beteiligen.

Unterschiedlicher Energiebedarf

Wenn du den Energieverbrauch im Haushalt senken möchtest, solltest du dir zunächst einen Überblick verschaffen: Wo im Haushalt deiner Familie wird wie viel Energie verbraucht? Welche Aktivitäten sind besonders energieintensiv und welche eher nicht? So kannst du dich beim Energiesparen zunächst mit den Nutzungsformen beschäftigen, bei denen der Energiebedarf besonders hoch ausfällt. Denn hier gibt es entsprechend hohe Einsparmöglichkeiten.

1 Du findest hier sechs Aktivitäten, die in jedem Haushalt anfallen und bei denen kostbare Energie verbraucht wird. Erstelle dazu ein Ranking: Dazu erhält die Nutzungsform mit dem größten Energiebedarf die Rangziffer 1, die mit dem zweitgrößten Energiebedarf die Rangziffer 2 und so weiter.

Rangziffer	Anwendung
	In jeder Wohnung ist Energie zur ***Beleuchtung*** der Räume notwendig.
	Das ***Heizen*** erfordert den Einsatz unterschiedlicher Energieformen und -träger.
	Kochen ist immer mit Hitze verbunden und erfordert deshalb Energie.
	Auch beim ***Kühlen*** und ***Gefrieren*** sind wir auf die Zufuhr von Energie angewiesen.

3 http://www.tagesspiegel.de/wissen/waermstes-jahr-2014-bricht-temperaturrekord/11170632.html

5 | Klimaschutz im Haushalt (2)

	Andere Elektrogeräte werden mit Strom betrieben – und damit mit Energie.
	Energie sorgt dafür, dass wir in unseren Haushalten immer ***warmes Wasser*** zur Verfügung haben.

Klimaschutz beginnt in der Küche.

Gero und Katrin besuchen die 7. Klasse einer Gemeinschaftsschule. Zum Muttertag haben sie sich ein ganz besonderes Geschenk ausgedacht: Sie wollen ihre Mütter nicht schon wieder mit Blumen oder Pralinen langweilen. Sie wollen ihnen stattdessen zeigen, was sie in der Schule gelernt haben und sie mit einer selbst zusammengestellten *Energieberatung* überraschen. Dazu haben sie Schaubilder, Checklisten und Merkblätter vorbereitet. Damit wollen sie ihren Müttern zeigen, wie das Energiesparen im Haushalt verbessert und wie das Weltklima damit geschützt werden kann. Von der Energieberatung werden die Mütter auch dann noch etwas haben, wenn sämtliche Blumen verwelkt und alle Pralinen aufgefuttert sind.

2 Leider sind sich Gero und Katrin nicht ganz einig, wie sich im Haushalt Energie einsparen lässt. Ihre Empfehlungen und ihr Vorgehen fallen deshalb auch sehr unterschiedlich aus. Kreuze jeweils an, welche Empfehlung dir mehr einleuchtet und von welcher du dir einen wirkungsvollen Beitrag zum Energiesparen versprichst.

☐ Gero empfiehlt, den Kühlschrank neben den Herd zu stellen, damit man beim Kochen beides in greifbarer Nähe hat.	☐ Katrin würde den Kühlschrank lieber in einiger Entfernung vom Herd aufstellen, um zusätzliche Kühlenergie zu sparen.
☐ Gero würde sich immer für einen Kühlschrank mit eigenem Eisfach entscheiden, weil hier die Lebensmittel länger frisch gehalten werden.	☐ Für Katrin macht der Kauf eines Kühlschranks mit Eisfach überhaupt keinen Sinn, denn sie hält die durchschnittlichen Temperaturen für ausreichend.
☐ Für Gero muss ein Kühlschrank immer gut gefüllt sein. Denn ein leerer oder nur zur Hälfte gefüllter Kühlschrank verbraucht mehr Strom.	☐ Katrin empfiehlt: Im Kühlschrank sollten sich möglichst wenig Lebensmittel befinden. So wird alles übersichtlicher.
☐ Gero würde im Zweifelsfall lieber einen Herd als die Mikrowelle benutzen – schon wegen des Energieverbrauchs.	☐ Auch Katrin möchte Strom sparen und entscheidet sich deshalb meist für die Mikrowelle – und gegen den Elektroherd.

5 | Klimaschutz im Haushalt (3)

☐ Gero hat seine Eltern davon überzeugt, dass sie sich einen neuen Herd mit Glaskeramikkochfeld anschaffen.	☐ Katrin war beim Kauf des neuen Herds dabei und hat sich für ein Gerät mit Induktionskochplatten eingesetzt.
☐ Gero warnt vor Kochtöpfen mit verstärktem Boden – weil hier zusätzlicher Strom zum Aufheizen des Bodens verbraucht wird.	☐ Katrin glaubt zu wissen, dass ein verstärkter Boden ein besonders guter Wärmeleiter ist – und deshalb beim Energiesparen hilft.
☐ Beim Kochen sorgt Gero dafür, dass auf einen Topf immer ein Deckel kommt, denn die Wärme soll sich ja nicht in Luft auflösen.	☐ Katrin empfiehlt, den Kochvorgang immer im Auge haben – deshalb sollte der Deckel nur dann auf dem Topf liegen, wenn er aus Glas ist.
☐ Gero hält nichts davon, sich das Wasser selbst „aufzusprudeln“, weil jedes zusätzliche Gerät mehr Strom verbraucht.	☐ Für Katrin gehört das Schleppen von Sprudelflaschen der Vergangenheit an; sie produziert jetzt ihren Sprudel in Eigenregie.
☐ Von seiner Oma hat Gero gelernt, dass dem eigentlichen Waschgang eine Vorwäsche vorausgehen sollte – so kann sich der Schmutz schon einmal von der Wäsche lösen.	☐ Katrin empfiehlt nur einen Waschgang, denn das reicht aus, um die Wäsche sauber zu bekommen.
☐ Gero lässt die Waschmaschine mit einer möglichst geringen Umdrehungszahl schleudern.	☐ Katrin empfiehlt, die Wäscheschleuder jeweils auf eine möglichst hohe Umdrehungszahl einzustellen – damit anschließend der Trockner nicht mehr so lange laufen muss.
☐ Gero schwört darauf, die Wäsche an der frischen Luft zu trocknen. Immerhin kann er so auf den Wäschetrockner verzichten. Und der ist ein Stromfresser.	☐ Katrin weiß, wie viele Umweltgifte die Außenluft enthält. Deshalb würde sie ihre Wäsche niemals an der frischen Luft trocknen lassen.
☐ Wenn Gero schon einmal mit dem Wäschetrockner arbeitet, reinigt er anschließend jedes Mal das Flusensieb. Denn so lässt sich die Leistung des Trockners steigern.	☐ Katrin ist überzeugt davon, dass das Flusensieb des Wäschetrockners niemals aus dem Gerät genommen werden darf. Damit würde Katrin nur einen Fachmann beauftragen.
☐ Gero glaubt zu wissen: Unterschiedliche Temperaturen machen bei einer Waschmaschine durchaus Sinn – nicht aber beim Bügeln. Deshalb ist eine vorherige Sortierung der Kleidung überflüssig.	☐ Für Katrin ist klar: Vor dem Bügeln müssen die Wäschestücke vorher sortiert werden – damit dann für jedes Stück die passende Temperatur eingestellt werden kann.

6 I Das große Umsteigen (1)

Die Deutschen haben längst entschieden, was ihr liebstes Verkehrsmittel ist. So besitzen die 82 Millionen Deutschen über 43 Millionen Autos (1). Damit dürfte es kaum ein Land mit einem ähnlich hohen Motorisierungsgrad geben. Auf den ersten Blick ist die Nutzung des Autos mit vielen Vorteilen verbunden: Das Auto ist zeitlich immer verfügbar, es erreicht hohe Geschwindigkeiten und ermöglicht ein bequemes Fahren. Andere Verkehrsmittel wie das Fahrrad, der Bus oder die Bahn scheinen da nicht mithalten zu können.

Dabei wird oft vergessen, dass der Autoverkehr mit großen Belastungen für Natur und Umwelt verbunden ist. So trägt die Motorisierung unserer Gesellschaft Mitschuld daran, dass

- die Rohstoffe auf unserem Planeten immer knapper werden. Das gilt vor allem für das Erdöl, aber auch für manche seltenen Metalle.
- sich das Klima auf der Erde immer mehr aufheizt. Schließlich stoßen die Kraftfahrzeuge das gefährliche Kohlendioxid aus.
- der Verkehrslärm die Menschen nervös und krank macht. Immer mehr Krankheiten sind lärmbedingt.
- immer größere Flächen dem Verkehr geopfert werden. So nehmen die Verkehrsflächen in Deutschland bereits 37,4 % der bebauten Fläche ein.
- es große Probleme damit gibt, die ausrangierten Autos und Reifen umweltgerecht zu entsorgen.

Solche Gefahren ließen sich stoppen, wenn es in unserem Land zum großen Umsteigen käme – wenn sich also immer mehr Menschen gegen das Auto und für umweltfreundlichere Verkehrsmittel entschieden.

Verkehrsmittel im Vergleich

Unter den Verkehrsteilnehmern stellen die Autofahrer die Mehrheit dar: 57,9 % der anfallenden Wege werden mit Kraftfahrzeugen zurückgelegt. Aber nur jeder Zehnte ist mit öffentlichen Verkehrsmitteln unterwegs. Das hat eine Studie des Statistischen Bundesamtes ergeben. Offensichtlich finden viele Verkehrsteilnehmer, dass Fahrten mit dem Auto grundsätzlich bequemer und kürzer sind als solche mit anderen Verkehrsmitteln.
Die folgenden beiden Beispiele wurden von Verkehrswissenschaftlern durchgerechnet.

6 | Das große Umsteigen (2)

1 **Erstelle zu den einzelnen Aspekten jeweils ein Ranking: Dazu erhält das Verkehrsmittel, das am besten abschneidet, jeweils den ersten Platz. Das geht so weiter, bis jeweils die Zahlen von 1 bis 4 vergeben sind.**

Im innerstädtischen Verkehr:

Du bist in Berlin unterwegs und willst vom Schlesischen Tor in Kreuzberg zur Humboldt-Universität in Berlin-Mitte. Wie schneiden auf dieser kurzen Strecke die einzelnen Verkehrsmittel bei den folgenden Fragestellungen ab?

	Auto	Fahrrad	Busse und Bahnen	zu Fuß
Bei welcher Fortbewegungsmöglichkeit ist dein Umweg am größten?				
Welche Fortbewegungsmöglichkeit ist mit den höchsten Kosten verbunden?				
Mit welcher Fortbewegungsmöglichkeit bist du am längsten unterwegs?				
Bei welcher Fortbewegungsmöglichkeit ist der Ausstoß von Kohlendioxid am größten?				

Im Fernverkehr:

Du startest im Stadtzentrum von Berlin und möchtest die Innenstadt von Frankfurt am Main erreichen. Wie schneiden die einzelnen Verkehrsmittel auf dieser Fernstrecke ab?

	Bahn	Flugzeug	Auto	Fernbus
Bei welcher Fortbewegungsmöglichkeit ist dein Umweg am größten?				
Welche Fortbewegungsmöglichkeit ist mit den höchsten Kosten verbunden?				
Mit welcher Fortbewegungsmöglichkeit bist du am längsten unterwegs?				
Bei welcher Fortbewegungsmöglichkeit ist der Ausstoß von Kohlendioxid am größten?				

6 | Das große Umsteigen (3)

Wenn schon Auto, dann mit Köpfchen

Es gibt natürlich immer wieder Situationen, in denen der motorisierte Untersatz durch kein anderes Verkehrsmittel zu ersetzen ist. So wird niemand von einem Notarzt erwarten, den Unfallort mit einem Fahrrad anzusteuern. Und auch einem Polizisten wird man nicht zumuten wollen, sich mit einem Linienbus auf Verbrecherjagd zu begeben. Es kommt eben immer darauf an, wie überlegt und verantwortungsvoll man mit dem Auto umgeht. Dafür haben Fachleute wichtige Tipps für alle Autofahrer.

2 In den folgenden Empfehlungen fehlt jeweils ein Wort. Setze die fehlenden Wörter in die Lücken ein und notiere dir den Buchstaben, der jeweils in der Klammer genannt ist. Nacheinander gelesen ergeben diese Buchstaben einen Begriff, der für ein umweltverträgliches und zukunftsfähiges Verkehrsmittel steht.

1. Bei kürzeren Entfernungen sollte man das Auto in der _ _ _ _ _ _ lassen und den Weg zu Fuß zurücklegen. *(Letzter Buchstabe)*
2. Beim Kauf eines neuen Autos sollte man sich am besten nicht für einen Benziner, sondern für einen _ _ _ _ _ _ entscheiden, weil der weniger Sprit braucht und weniger Kohlendioxid ausstößt. *(Letzter Buchstabe)*
3. Am besten wäre natürlich ein Hybridauto, weil man hier wählen kann, ob es über den Sprit oder über eine Batterie mit _ _ _ _ _ _ _ versorgt wird. *(Erster Buchstabe)*
4. Um Sprit zu sparen, sollte man den _ _ _ _ _ _ _ _ _ _ nicht überladen und ihn nach jeder Fahrt leerräumen. *(Erster Buchstabe)*
5. Den _ _ _ _ _ _ _ _ _ _ _ _ _ _ auf dem Dach sollte man nach jeder Urlaubsfahrt wieder abmontieren – denn auch das spart Energie. *(Achter Buchstabe)*
6. Beim Fahren sollte man möglichst _ _ _ _ _ in den nächsten Gang schalten, um die Spritkosten zu senken. *(Zweiter Buchstabe)*
7. Wer mit _ _ _ _ _ _ _ _ _ _ _ _ Geschwindigkeit über die Autobahn fährt, stößt mehr Kohlendioxid aus als andere. *(Siebter Buchstabe)*
8. Man sollte lieber den Fahrtwind ins Auto lassen als die _ _ _ _ _ _ _ _ _ _ _ einzuschalten, die ohnehin nur ein Stromfresser ist. *(Fünfter Buchstabe)*
9. Wenn man _ _ _ _ _ _ _ _ _ _ _ _ _ in der Stadt unterwegs ist, sollte man einen möglichst hohen Gang einlegen. *(Erster Buchstabe)*
10. Um die Umwelt zu schonen, sollte man sich mit Arbeitskollegen oder Mitschülern zu einer _ _ _ _ _ _ _ _ _ _ _ _ _ _ _ _ zusammenschließen. *(Letzter Buchstabe)*
11. Beim nächsten Besuch in der Tankstelle sollte man sich für ein _ _ _ entscheiden, beim dem der CO_2-Ausstoß geringer ist. Und solche Schmierstoffe gibt es! *(Erster Buchstabe)*

FÜHRERSCHEINPRÜFUNG B

(Blatt 1)

1 Im Rahmen des Trainings hast du dich mit einigen neuen Begriffen anfreunden können. Inzwischen solltest du wissen, 6 |

- was das Besondere an *Fairtrade-Produkte*n ist.

  ....

- was es in einem *Hofladen* zu kaufen gibt.

  ....

- wie es zur Entstehung eines *Müllstrudels* kommt.

  ....

- was über die *Nahrungskette* transportiert wird.

  ....

- was man unter *Sanftem Tourismus* versteht.

  ....

- weshalb *Weichmacher* so schädlich sind.

  ....

2 Welche der folgenden Reinigungsmittel sind mechanische Putzhilfen? Kreuze sie an. 5 |

☐ Spülschwamm
☐ Allzweckreiniger
☐ Schaber
☐ Saugglocke
☐ Spiritus
☐ Abzieher
☐ Schmierseife
☐ Kehrschaufel

3 Wie wird ein Allzweckreiniger auch noch genannt? 1 |

☐ Innenreiniger
☐ Globalreiniger
☐ Totalreiniger
☐ Neutralreiniger

4 Nenne vier Produkte, die im Fairen Handel zu haben sind – und erläutere, was (unter anderem) die Menschen und die Umwelt davon haben. 4 |

① ....

② ....

③ ....

④ ....

FÜHRERSCHEINPRÜFUNG B (Blatt 2)

5 Was könnt ihr tun, damit eure Klassenfahrt den Grundsätzen des Sanften Tourismus entspricht? Nenne für jedes Stichwort ein Beispiel. 5 |

① Reiseziel

....

② Verkehrsmittel

....

③ Unterkunft

....

④ Verpflegung

....

⑤ Aktivitäten

....

6 Nenne drei Gründe, warum der Urlaub in einem Ferienclub in der Dominikanischen Republik nichts mit Sanftem Tourismus zu tun hat. 3 |

① ....

② ....

③ ....

7 Beantworte die folgenden Fragen. 5 |

① Warum ist Plastik auf der ganzen Welt als Material so beliebt?

....

② Wie kannst du beim Einkaufen die umweltschädlichen Plastiktüten vermeiden?

....

③ Wie kannst du verhindern, dass sich im Mülleimer eurer Familie die leeren Joghurt-Becher stapeln?

....

④ Wie bleibt dir das lästige Herumschleppen von Mineralwasser in Plastikflaschen erspart?

....

⑤ Duschgel, Waschmittel, WC-Reiniger – was kannst du anstellen, um dafür nicht dauernd neue Plastikflaschen kaufen zu müssen?

....

FÜHRERSCHEINPRÜFUNG B (Blatt 3)

8 Nenne vier Aktivitäten, bei denen in jedem Haushalt Energie verbraucht wird. 4

① ....

② ....

③ ....

④ ....

9 Ergänze die folgenden Satzanfänge so, wie es einer energiebewussten Haushaltsführung entspricht. 5

① Der Kühlschrank sollte immer gut gefüllt sein, weil

....

② Deine Kochtöpfe sollten immer einen verstärkten Boden haben, weil

....

③ Du solltest die Wäscheschleuder immer auf der höchsten Stufe laufen lassen, weil

....

④ Die Wäscheleine ist jedem elektrischen Wäschetrockner überlegen, weil

....

⑤ Wie beim Waschen solltest du die Wäschestücke beim Bügeln vorher sortieren, weil

....

10 Um sein Auto möglichst umweltfreundlich zu nutzen, sollte man einige Tipps beherzigen. Für welche Bestandteile eines Autos (links) gelten welche Vorschläge (rechts)? Verbinde, was zusammenpasst. 5

① Motor ○	○ a) Nach jeder Fahrt leer räumen!
② Schaltung ○	○ b) Nach Gebrauch gleich wieder abmontieren!
③ Klimaanlage ○	○ c) Lieber einen Diesel als einen Benziner!
④ Kofferraum ○	○ d) Am besten ausgeschaltet lassen!
⑤ Dachgepäckträger ○	○ e) Möglichst früh betätigen!

FÜHRERSCHEINPRÜFUNG B (Blatt 4)

11 a) Wie legst du den Weg von dir zu Hause zum Fußballtraining zurück, wenn dabei möglichst wenig Energie verbraucht werden soll? | 1 | |

- ☐ Du lässt dich von deiner Mutter zum Training chauffieren.
- ☐ Du legst den Weg mit dem Fahrrad zurück.
- ☐ Du entscheidest dich für eine Fahrt mit dem Bus.
- ☐ Du ziehst es vor, mit der Straßenbahn zu fahren.

b) Du möchtest einen guten Freund in Wien besuchen. Wie kommst du dorthin, wenn das Klima möglichst wenig belastet werden soll? | 1 | |

- ☐ Du legst den Weg mit der Eisenbahn zurück.
- ☐ Du entscheidest dich für eine Fahrt mit dem Fernbus.
- ☐ Du bittest deine ältere Schwester, dich mit dem Auto nach Wien zu fahren.
- ☐ Du buchst einen Flug bei einem Billigflieger.

45 Punkte kannst du erreichen. Viel Erfolg! | 45 | |

Laufzettel	erledigt ✓
1 Die große Wäsche	☐
2 Die Geheimsprache der Lebensmittel	☐
3 Unsere Schule ist grün!	☐
4 Gesundes Wohnen	☐
5 Den Stromfressern auf der Spur	☐
6 Das umweltfreundliche Verkehrskonzept	☐
Führerscheinprüfung C	☐

1 | Die große Wäsche (1)

Die „große Wäsche" verlangt heute keinen großen Aufwand mehr: Musste deine Urgroßmutter dafür noch einen ganzen Waschtag einplanen, wird diese Arbeit heute von Waschmaschine und Wäschetrockner erledigt.

Solche Fortschritte gehen aber oft auf Kosten der Umwelt. Das gilt auch für die Automatisierung der „großen Wäsche". So wird die von Waschmaschine und Trockner benötigte Energie in Kraftwerken produziert, was wiederum mit dem Verbrauch nicht erneuerbarer Rohstoffe und mit dem Ausstoß von Treibhausgasen verbunden ist. Außerdem enthalten die meisten Waschmittel chemische Substanzen, die biologisch nicht abgebaut werden können. Diese gelangen dann ins Grundwasser oder in die Weltmeere und führen dort zu gewaltigen Umweltschäden.

Wäsche sortiert – Umwelt geschont

Wäsche ist nicht gleich Wäsche. Die einzelnen Wäschestücke unterscheiden sich durch die Qualität der Stoffe und durch den Grad ihrer Verschmutzung. Danach müssen wir uns bei der Wäsche richten. Jedes umweltschonende Waschen verlangt, dass wir die Wäsche zunächst sortieren: Auf den eingenähten Etiketten sind die Pflegehinweise für das Kleidungsstück zu finden. Nur wenn wir diese Hinweise beachten, können wir sichergehen, dass die Waschtemperatur nicht höher ausfällt als notwendig und dass das Waschmittel keine überflüssigen Chemikalien enthält.

1 Chris ist in seiner Familie für das Waschen und Bügeln zuständig. Er weiß: Die Wahl der Temperatur richtet sich nach dem Inhalt des Wäschekorbs. Deshalb hat er sich angewöhnt, die Wäsche vorher zu sortieren. Bei welchen Temperaturen müssen die folgenden Kleidungsstücke gewaschen werden? Trage die entsprechenden Buchstaben jeweils in die richtigen Wäschekörbe ein.

a Ein Bettlaken in den Farben von FC Bayern München, auf dem Chris einige Schokoladenflecken hinterlassen hat.

b Ein türkisfarbener Pullover aus reiner Schurwolle, den sich Chris' Mutter im Onlinehandel bestellt hat.

c Die weißen Handtücher, mit denen Chris das Geschirr seiner Geburtstagsparty abgetrocknet hat.

d Normal verschmutzte Jeans, mit denen sich Chris bei seiner Praktikumsstelle vorstellen möchte.

e Ein farbiger Bademantel aus Mikrofasern, in dem Chris' Papa am Sonntagmorgen so gerne frühstückt.

f Das weiße Nachthemd der kleinen Schwester, in dem sie mit Masern das Bett hüten musste.

1 | Die große Wäsche (2)

g Das weißes Vereinstrikot, in dem Chris das letzte Basketballturnier bestritten hat.

h Das elegante Hemd aus dunkler Seide, das Chris bei seiner Konfirmation tragen möchte.

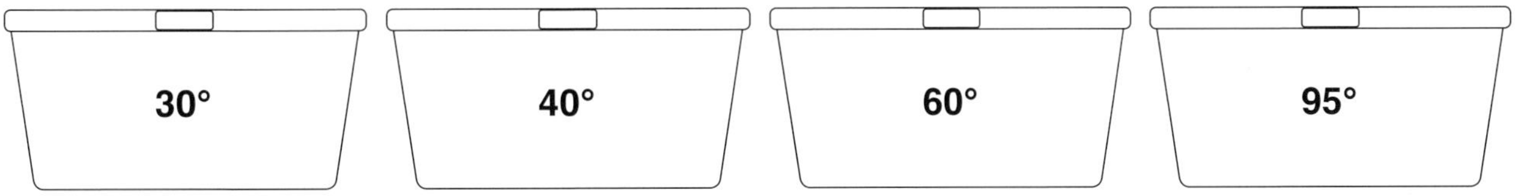

Eine Wissenschaft für sich

In der Werbung erscheint die große Wäsche als ein Kinderspiel, für die keine Vorkenntnisse oder zusätzliche Informationen notwendig sind. Wer solchen Versprechungen glaubt, landet sehr bald in der Umweltfalle. Denn nur wer über den Umgang mit der Waschmaschine gut informiert ist, kann beim Waschen auf unnötige Energie verzichten. Und nur wer sich in der unübersichtlichen Welt der Waschmittel kundig gemacht hat, kommt ohne eine Vielzahl gefährlicher Chemikalien aus. Das Waschen ist eben eine Wissenschaft für sich.

2 Von den folgenden Informationen zum energiesparenden Umgang mit der Waschmaschine sind einige falsch und einige richtig. Kreuze die richtigen Aussagen an und notiere dir den entsprechenden Buchstaben. Nacheinander gelesen ergeben sie den Namen chemischer Substanzen, die in vielen Reinigungsmitteln enthalten und oft nur ganz schwer abzubauen, somit also umweltschädlich sind.

T Um die Umwelt zu schonen, solltest du dich beim Kauf der Waschmaschine für ein Gerät entscheiden, das möglichst wenig Energie verbraucht.

E Starke Flecken solltest du vor dem Waschgang mit einem umweltverträglichen Fleckenmittel behandeln – dann kommst du mit weniger Waschmittel aus.

N Du solltest dich bei jedem Kleidungsstück über die besonderen Pflegehinweise informieren, die du auf dem eingenähten Etikett findest.

B Je weniger Wäschestücke sich in der Trommel befinden, umso weniger Energie wird beim Waschen verbraucht und umso besser ist das für die Umwelt.

S Du solltest dich beim örtlichen Energieanbieter nach dem Härtegrad des Wassers erkundigen und das Waschmittel entsprechend dosieren.

I Du solltest weiße Wäschestücke immer mit einem Vollwaschmittel waschen – und farbige Kleidungsstücke mit einem Buntwaschmittel.

R Kleidungsstücke aus Wolle oder Seide müssen mit einem besonders robusten Vollwaschmittel gewaschen werden.

1 | Die große Wäsche (3)

U Weiße Wäsche solltest du immer bei 95 Grad waschen, weil sich auf der Kleidung sonst ein unschöner „Grauschleier“ bildet.

F Auf den Einsatz von Weichspülern solltest du auf keinen Fall verzichten – schon der Umwelt zuliebe!

L Du solltest die Tätigkeit der Waschmaschine immer durch das Sichtfenster beobachten – weil es zu einer Verknotung der Wäschestücke kommen könnte.

D Bei Einsatz eines speziellen Entkalkungsmittels kann die Menge des Waschmittels reduziert und die Lebensdauer der Heizstäbe erhöht werden.

E Du solltest die nassen Kleidungsstücke nicht in einem elektrischen Wäschetrockner, sondern an der frischen Luft trocknen.

Lösungswort: ___ ___ ___ ___ ___ ___ ___

2 | Die Geheimsprache der Lebensmittel (1)

Die Kunden in Deutschland gelten als eine besonders schwierige Zielgruppe: Einerseits sollen die Lebensmittel für den täglichen Bedarf besonders billig sein. Deshalb sind Discounter wie Aldi, Lidl, Netto oder Penny bei uns so beliebt wie in keinem anderen europäischen Land. Andererseits wünschen sich die Kunden möglichst frische und gesunde Produkte, die am besten auch noch von regionalen Erzeugern stammen. Beides passt nicht zusammen.

Die Lebensmittelchemie versucht, diesen Konflikt für sich zu nutzen, indem sie die industrielle Landwirtschaft für sich arbeiten lässt, ihren Produkten aber ein möglichst umweltverträgliches Image verpasst. Hier sind vor allem Werbefachleute gefragt, die die negativen Informationen im Kleingedruckten verstecken und die Kunden ansonsten mit schönen Bildern und freundlichen Bezeichnungen hinters Licht führen. Wer eine gesunde Umwelt und eine naturnahe Landwirtschaft möchte, sollte hier gewarnt sein. Als kritischer Verbraucher solltest auch du genau hinsehen und dich davon überzeugen, wie gesund die Lebensmittel tatsächlich sind. Du solltest dich für Produkte entscheiden, die von der Wiese und vom Feld kommen – und die nicht in irgendeinem Labor zusammengemixt sind. Das bist du einer gesunden Umwelt schuldig.

Zahlen lügen nicht.

Schon beim Anblick der Verpackung soll dem Verbraucher das Wasser im Mund zusammenlaufen. Viel spannender als die bunten Bilder auf den Verpackungen sind aber die oft kleingedruckten Zahlen, mit denen die Kunden informiert werden. So kann ein „Apfel-Fruchtsaftgetränk" auf der Verpackung mit prallen und knackigen Früchten werben. Dem Kleingedruckten ist dann aber zu entnehmen, dass der Fruchtsaftanteil gerade einmal 30 % beträgt, dass man dem vermeintlichen Apfelsaft also jede Menge andere Zutaten beigefügt hat.

Deshalb solltest du jeweils die Produktinformation beachten. So ist auf den meisten Verpackungen eine ***Nährwerttabelle*** abgedruckt. Hier findest du Informationen über die wichtigsten Werte, die man auch die *„Big Seven"* nennt:

- den Energiegehalt (Kalorien)
- die Fettanteile
- die gesättigten Fettsäuren
- die Kohlenhydrate
- den Zuckeranteil
- den Eiweißgehalt
- den Salzanteil.

1 Du findest hier unterschiedliche Zahlenwerte, die mit der Kennzeichnung von Lebensmitteln zu tun haben. Welche Aussage passt jeweils zu welchem Zahlenwert? Schreibe den entsprechenden Zahlenwert jeweils hinter die richtige Aussage.

0,5	6	15	47	52,5	92	90	320

a) Du tust deinem Körper etwas Gutes, wenn du dich für Brot und Brötchen aus Vollkornmehl entscheidest. So hoch muss der Anteil an Vollkornmehl sein, damit ein Brot als Vollkornbrot verkauft werden darf (in %): ____________

2 | Die Geheimsprache der Lebensmittel (2)

b) Früchte enthalten Vitamine und tragen deshalb zu einer gesunden Lebensweise bei. So hoch ist der Anteil an echten Früchten, der in einem Fruchtjoghurt enthalten sein muss (in %). ___________

c) Wir können zum Erhalt der Artenvielfalt beitragen, wenn bei uns ganz unterschiedliche Fleischsorten auf den Tisch kommen – also auch Rind, Kalb, Lamm, Wild oder Geflügel. So hoch ist der Anteil des Kalbfleischs in den „Kalbswienern", einer Sonderform der Wiener Würstchen (in %). ___________

d) Mit deiner Entscheidung für Ziegenmilch und Ziegenkäse unterstützt du eine Tierhaltung, die sich nicht beliebig industrialisieren lässt. So hoch kann der Anteil der Kuhmilch in einem handelsüblichen Ziegenkäse sein (in %). ___________

e) Zucker kann Gift für deinen Körper sein, wenn du zu viel davon konsumierst. So viel Gramm Zucker sind in einer Tafel Kinderschokolade enthalten. ___________

f) Wer seinem Körper etwas Gutes tun will, sollte sich für alkoholfreie Getränke entscheiden. So viel Alkohol darf ein alkoholfreies Bier enthalten (in %). ___________

g) Geschmacksverstärker haben einen gefährlichen Gewöhnungseffekt: Wir verlieren allmählich die Lust an naturbelassenen Lebensmitteln. So viele Geschmacksverstärker sind nach unserem Lebensmittelrecht zugelassen. ___________

h) Wer sich für Produkte mit dem Bio-Siegel entscheidet, möchte dadurch die natürliche Landwirtschaft erhalten. So viele Zusatzstoffe können in Produkten mit dem Bio-Siegel enthalten sein. ___________

Lexikon der Kundentäuschung

Die Lebensmittelindustrie will die Kunden nicht nur mit appetitlichen Fotos zum Kauf verführen, sondern auch mit tollen Produktbeschreibungen. Die aber sind oft irreführend. So behauptete der Süßwarenproduzent Ferrero viele Jahre, seine Kindermilchschnitte enthalte eine „Extra-Portion Milch". Chemiker fanden aber heraus, dass die süße Verführung aus dem Kühlregal nur wenig Milch, aber umso mehr Zucker und Fett enthält. Daraufhin verzichtete Ferrero auf solche irreführenden Formulierungen. Um dich nicht täuschen zu lassen, solltest du deshalb den geheimen Code der Lebensmittelindustrie knacken können. Denn hinter so mancher schönen Formulierung verbirgt sich ein ziemlich unappetitliches Herstellungsverfahren.

2 I Die Geheimsprache der Lebensmittel (3)

2 In den linken Kästchen stehen Bezeichnungen, wie man sie in der Fernsehwerbung oder im Kühlregal findet. Den rechten Kästchen ist jeweils zu entnehmen, was es damit tatsächlich auf sich hat. Welche Kästchen gehören zusammen, bilden also die Vorder- und die Rückseite eines Produkts ab? Verbinde jeweils, was zusammengehört.

Der „Original Schwarzwälder Schinken" …	… kommt aus dem Atlantik und ist eigentlich ein Dorsch. Dorsche aber werden oft mit fragwürdigen Fangmethoden aus dem Meer gefischt.
Der „Fruchtjoghurt ohne künstliche Farbstoffe" …	… stammt in der Regel aus Fleischabfällen, die in eine neue Form gebracht wurden. Und es besteht die Gefahr, dass hier auch Gammelfleisch verwendet wird.
Der „Shrimps-Salat" aus dem Becher …	… sind vielleicht in einem Labor produziert worden – zum Beispiel aus Sägespänen. Und das wäre kein Beitrag zu einer gesunden Ernährung.
Der „Kunstkäse", der sich in vielen Fertiggerichten befindet, …	… kann viele künstliche Aromen, aber keine einzige Frucht enthalten. Wer sich vitaminreich ernähren möchte, hat hier das Nachsehen.
Die „Light Kartoffelchips" …	… enthält über 20 % Zucker, die in den Trockenfrüchten und im Milchpulver verborgen sind. Und dass Zucker nicht gesund ist, hat sich inzwischen wohl herumgesprochen.
Eine Dosensuppe, die „frei von Geschmacksverstärkern" ist, …	… wird in überwiegend aus pflanzlichem Fett hergestellt – und eben nicht aus Milch. Der bäuerlichen Milchwirtschaft ist damit nicht geholfen.
Die „Lammsalami nach mediterraner Art" …	… kann irgendwo in Europa hergestellt worden sein. Deshalb hat er oft ganz lange Transportwege hinter sich.
Das „Früchtemüsli ohne Zuckerzusatz" …	… kann seine Farbe dem Zusatz von Rote-Bete-Saft verdanken. Der Fruchtanteil kann also sehr gering sein.
Der „Alaska-Seelachs" …	… kann unter Verwendung von Alkohol hergestellt worden sein. Und Alkohol ist bestimmt kein Beitrag zu einer gesunden Lebensweise.
Der „gesunde Erdbeer-Drink" …	… kann einen Hefeextrakt und damit das Zusatzprodukt Glutamat enthalten. Und zu viel Glutamat kann unseren Körper schädigen.
Die „naturidentischen Aromen" in der Marmelade …	… hat kaum etwas mit dem Tier gemeinsam, das diesem Produkt den Namen gab. Dabei wäre es wichtig, dass dieser Zweig der Fleischproduktion gestärkt wird.
Das „Hähnchenbrustfilet, zusammengefügt" …	… sind mit 495 Kalorien immer noch ein ausgemachter Dickmacher. Und solche Dickmacher tun unserem Körper nicht gut.

3 | Unsere Schule ist grün! (1)

Die Umweltbildung ist zu einem Thema geworden, an dem sich inzwischen alle Fächer beteiligen und in das die ganze Schule eingebunden ist. So werden in Deutsch neue Verkehrskonzepte diskutiert, in Geschichte die Umweltsünden früherer Generationen untersucht und in Kunst Installationen aus Schrott und Müll hergestellt. Vor allem sollte die Schule ökologische Probleme nicht nur ansprechen, sondern ein umweltgerechtes Verhalten auch tatsächlich vorleben. Das beginnt bei der Mülltrennung im Klassenzimmer und reicht bis zur Menüauswahl in der Schulmensa.

Alle machen mit.

Jede Schule hat den Ehrgeiz, sich von den anderen Schulen abzuheben und etwas ganz Besonderes zu sein. Das gelingt am besten, wenn sich die ganze Schule hinter ein gemeinsames Anliegen stellt. So gibt es Schulen, die sich für ein gutes Miteinander von deutschen und ausländischen Schülern einsetzen und die sich deshalb „Schulen ohne Rassismus" nennen. Und es gibt andere Schulen, die enge Kontakte zu den Menschen und Einrichtungen in ihrem Stadtteil pflegen und die man deshalb als „Nachbarschaftsschulen" bezeichnet. Schulen schließlich, die sich ganz dem Umweltschutz verschrieben haben, verstehen sich als „Ökologische Schulen". Ob auch deine Schule diesem Anspruch gerecht wird – das kannst du jetzt überprüfen:

1 Lies dir die folgenden Fragen zum Engagement deiner Schule in Umweltfragen gut durch und halte fest, ob solche Aktivitäten bei euch stattfinden oder nicht. Trage dazu jeweils die entsprechende Ziffer in eines der drei Kästchen ein!

Deine Schule im Test

1. Wird an deiner Schule der anfallende Müll getrennt?
2. Gibt es Regeln für den sparsamen Umgang mit Energie?
3. Sind bei euch Pflanzen im Klassenzimmer erlaubt?
4. Werden in einzelnen Klassen Umweltprojekte durchgeführt?
5. Werden in den Klassen eigene Umweltsprecher gewählt?
6. Wird im Unterricht mit Recyclingpapier gearbeitet?
7. Gibt es auf dem Pausenhof grüne Rückzugszonen?
8. Nutzt die Schule in irgendeiner Weise die Energie aus der Sonne?
9. Arbeitet an deiner Schule eine Umwelt-AG?
10. Hat deine Schule einen Umweltbeauftragten?
11. Bietet die Mensa regelmäßig vegetarische Gerichte an?
12. Werden in den Pausen Obst und Vollkornprodukte verkauft?
13. Kommt bei Schulfesten Mehrweggeschirr zum Einsatz?
14. Gibt es an deiner Schule einen Schulgarten?
15. Verfügt deine Schule über ein „Grünes Klassenzimmer[4]"?

4 Das grüne Klassenzimmer ist ein vom Pausenhof abgegrenzter Bereich, in dem im Sommer Unterricht im Freien stattfinden kann.

3 | Unsere Schule ist grün! (2)

Ja	Nein	Weiß nicht

Mehr als ein Pflichtprogramm

Zum Pflichtprogramm einer Schule gehört, dass hier Unterrichtsstunden gehalten, Klassenarbeiten geschrieben und Zensuren vergeben werden. Darüber hinaus ist jede Schule darum bemüht, ihr unverwechselbares Profil durch besondere Aktivitäten herauszustellen.

Eine Schule, die sich aktiv für den Umweltschutz engagiert, wird daran interessiert sein,
- bei baulichen Veränderungen Rücksicht auf die Umwelt zu nehmen.
- die **Lerninhalte** konsequent auf ökologische Themen hin auszurichten.
- die Schüler durch spannende und praktische **Projekte** für Natur und Umwelt zu begeistern.
- zusätzliche **Regeln** aufzustellen, damit sich alle Schüler und Lehrer umweltgerecht verhalten.
- neue umweltfreundliche **Traditionen und Rituale** einzuführen (wie z. B. die Durchführung einer Energiesparwoche).
- mit Umweltinitiativen zu **kooperieren** (um sich z. B. bei der Begrünung des Schulhofs helfen zu lassen).

2 Die folgenden Aktivitäten zeigen, wie stark sich einzelne Schulen bereits für den Umweltschutz engagieren. Trage jeweils in der rechte Spalte ein, ob es sich hier um eine Investition (1), um eine Regel (2), um ein Ritual (3), um einen Lerninhalt (4), um ein Projekt (5) oder um eine Kooperation (6) handelt!

Mobilität		
A	Vor unserer Schule erinnert ein Verkehrszeichen daran, dass hier nur noch Tempo 30 gefahren werden darf.	
B	Unsere Schule beteiligt sich an der weltweiten Kindermeilen-Kampagne (http://www.kinder-meilen.de/).	
C	Im Keller wurde eine Fahrradwerkstatt eingerichtet. Hier können die Schüler ihre Räder auf Vordermann bringen.	
D	Es ist dafür gesorgt, dass die Lehrkräfte ihre Autos nicht im Pausenhof parken dürfen.	
E	Die gemeinsame Klassenfahrt am Ende der 9. Klasse wird Ausflüge ins Wattenmeer enthalten.	

3 | Unsere Schule ist grün! (3)

Energie		
F	Die Schüler können sich im Fach „Natur und Technik“ zu Energieberatern ausbilden lassen.	
G	Der Tafeldienst muss am Schluss der Stunde kontrollieren, ob auch wirklich alle Fenster geschlossen sind.	
H	Das gesamte Schulhaus ist mit einer 8 cm mächtigen Dämmschicht aus Styropor eingepackt.	
I	Ein Vertrag mit den Stadtwerken regelt: Die Hälfte der eingesparten Energiekosten wird der Schule zurückerstattet.	
J	Die Schülerfirma „SOLAG“ betreibt eine Solaranlage, die auf dem Dach der Schule installiert ist.	
Müll		
K	Im Pausenverkauf und in der Schulmensa dürfen Getränke nur in Pfandflaschen verkauft werden.	
L	Die Schüler der untersten Klasse erhalten am ersten Schultag eine Brotbox geschenkt.	
M	In jedem Klassenzimmer befindet sich ein Behälter, in dem der tägliche Papiermüll entsorgt wird. Dieser wird anschließend in der blauen Tonne entsorgt.	
N	Die Umwelt-AG betreibt in der Pausenhalle eine Sammelstelle für Sondermüll (Batterien, Toner, Elektroschrott …).	
O	Im Schulgarten gibt es eine Kompostieranlage für die anfallenden Bioabfälle.	
Ernährung		
P	Eine Schülergruppe betreibt in Zusammenarbeit mit dem Bundesverband deutscher Milchviehhalter (BDM)[5] eine Milch-Bar.	
Q	Alle Schüler der 7. Klasse müssen das Zusatzfach „Gesund und nachhaltig kochen“ besuchen.	
R	In der Hausordnung ist geregelt, dass das Trinken im Unterricht in allen Fächern und bei allen Lehrern erlaubt ist. Denn regelmäßiges Trinken gehört zu einer gesunden Lebensweise.	
S	Mit der Pächterin der Schulmensa wurde vereinbart, dass hier die Portionen eher klein gehalten sind, das Nachfassen aber ausdrücklich erlaubt ist.	
T	Im Pausenverkauf dürfen Chips, Schokoriegel und Cola-Getränke nicht oder nur an einem Tag in der Woche angeboten werden.	
Grün im Schulhaus		
U	Jede Abschlussklasse pflanzt zum Abschied von der Schule im Pausenhof einen Baum.	
V	Auf dem Dach der Turnhalle wurde Rasen angesät. Damit lässt sich nicht nur Energie sparen – sondern die Schule verfügt damit auch über einen echten „Hingucker“.	
W	Im Biologieunterricht findet regelmäßig ein Gang in ein nahegelegenes Waldstück statt, damit die Schüler die heimatliche Flora kennenlernen können.	
X	In den Ferien übernehmen Schüler zu Hause die Pflege der Grünpflanzen, die in den Klassenzimmern sonst eingehen würden.	
Y	In den Sommermonaten können die Klassen den Unterricht in ein sogenanntes „Grünes Klassenzimmer“ verlegen.	

5 http://bdm-verband.org/html/

4 I Gesundes Wohnen (1)

„Man kann mit einer Wohnung einen Menschen genauso töten wie mit einer Axt.“ Dieser viel zitierte Satz stammt von dem Berliner Maler, Fotografen und Karikaturisten Heinrich Zille (1858–1929). Zille wollte damit auf die viel zu engen und viel zu dunklen Wohnungen erinnern, in denen die Arbeiterfamilien seiner Zeit ihr Leben fristeten. So beengt und dunkel wie vor 100 Jahren muss heute niemand in Deutschland mehr wohnen. Und trotzdem bergen viele Wohnungen Gefahren für Leib und Leben. Das hat vor allem mit den Materialien zu tun, die beim Bau der Wohnungen verwendet wurden. So leiden viele Menschen unter Hautreizungen, Atemnot oder Schlaflosigkeit, weil ihr Körper die verwendeten Baustoffe nicht verträgt oder ihnen ein ungesundes Raumklima zusetzt.

Das perfekte Jugendzimmer

Jüngere Menschen bewegen sich mehr als ältere. Das gilt für den Aufenthalt im Freien, aber auch für das Leben in geschlossenen Räumen. Außerdem ist bei ihnen der *Grundumsatz* größer, also die Energiemenge, die für das Funktionieren des Stoffwechsels benötigt wird. Wer aber aktiver ist, ist Belastungen in der Raumluft stärker ausgesetzt als andere. So haben Forscher festgestellt, dass junge Menschen zehnmal so viele Schadstoffe aufnehmen wie ihre Eltern oder Großeltern. Wie alle jungen Leute bist also auch du durch ungesunde Wohnverhältnisse besonders belastet. Deshalb solltest du bei der Ausstattung und Einrichtung deines Zimmers darauf achten, dass umweltverträgliche Materialien verwendet werden und dass keine Schadstoffe austreten.

1 In der linken Spalte findest du unterschiedliche Empfehlungen für eine gesunde Ausstattung deines Zimmers. Trage jeweils in der rechten Spalte ein, weshalb sich so die Wohnqualität verbessern lässt.

Worauf du bei der Einrichtung deines Jugendzimmers achten solltest:	Warum das für ein gesundes Wohnen so wichtig ist:
Du solltest dich nicht für einen Kunststoffboden, sondern für einen Boden aus Holz oder Kork entscheiden.	
Lose Teppiche sind für deine Gesundheit besser als jeder Teppichboden.	
Mit einem weichen Bodenbelag hast du weniger Probleme als mit einem Boden aus hartem Material.	
Für die Wände und die Decke solltest du keine Anstriche aus Kunstharz oder Lacke verwenden.	

4 | Gesundes Wohnen (2)

Worauf du bei der Einrichtung deines Jugendzimmers achten solltest:	Warum das für ein gesundes Wohnen so wichtig ist:
Für den Anstrich eignet sich ein kräftiges Gelb oder ein helles Grün besser als alle dunklen Farben.	
Du solltest dich für Möbel aus Vollholz entscheiden und auf Spanplatten ganz verzichten.	
Der Schreibtisch sollte sich in der Höhe verstellen lassen und mit dir „mitwachsen".	
Um das Kopfende deines Bettes herum sollten keine elektrischen Leitungen verlegt sein.	

Prima Klima

In manchen Klassenzimmern fühlst du dich überhaupt nicht wohl: Du wirst schnell müde, kannst dich nicht konzentrieren und hast immer wieder unter Kopfschmerzen zu leiden. Dieses Unwohlsein dürfte auf ein schlechtes Raumklima zurückzuführen sein. Denn so richtig gut geht es dir nur in Räumen, in denen

- eine angenehme und wohlige Temperatur herrscht.
- du unter keinen abstoßenden Gerüchen zu leiden hast.
- die Luft frei von Hausstaub und Schadstoffen ist.

Das gilt selbstverständlich nicht nur für die Räume in deiner Schule, sondern auch für die eigenen vier Wände. Weil du älter wirst, wirst du an deinem Zimmer immer wieder Veränderungen vornehmen. Dabei solltest du es aber nicht mit einem Rausschmiss der Kuscheltiere oder mit einer Auswechslung der Poster belassen. Du solltest gleichzeitig etwas für ein besseres Klima in deinem Zimmer zu tun.

4 | Gesundes Wohnen (3)

2 In den folgenden Aussagen zum Raumklima in den eigenen vier Wänden fehlt jeweils ein Wort. Ergänze den fehlenden Begriff und notiere dir den angegebenen Buchstaben auf einem eigenen Blatt. Hintereinander gelesen, ergeben diese Buchstaben eine Belastung, die sich bei einem schlechten Raumklima einstellt.

Ein gesundes Raumklima sorgt dafür, dass du dich in deinem Zimmer wohlfühlst und dass du die nötige _ _ _ _ _ _ _ _ _ _ _ _ _ _ für die Hausaufgaben aufbringst. *(Erster Buchstabe)*

Durch die Verwendung chemischer Materialien treten in deinem Zimmer immer wieder _ _ _ _ _ _ _ _ _ _ _ _ aus. *(Achter Buchstabe)*

Ein dauerhaft _ _ _ _ _ _ _ _ _ _ Fenster führt dazu, dass viel Heizenergie verloren geht und es zu keinem wirklichen Luftaustausch kommt. *(Fünfter Buchstabe)*

Bei der _ _ _ _ _ _ _ _ _ _ _ _ wird das Fenster dagegen 3 bis 5 Minuten geöffnet und die schlechte Luft kann aus dem Zimmer entweichen. *(Siebter Buchstabe)*

Mit einem _ _ _ _ _ _ _ _ _ _ _ _ lassen sich Teppiche und Böden reinigen – und du sorgst damit in deinem Zimmer für ein frischeres Raumklima. *(Sechster Buchstabe)*

Die _ _ _ _ _ _ _ _ _ _ _ _ _ _ _ _ _ sagt aus, wie hoch der Anteil des Wasserdampfs an der Raumluft ist. *(Achter Buchstabe)*

An den meisten Heizkörpern befindet sich ein _ _ _ _ _ _ _ _ _ _. Es sorgt dafür, dass in deinem Zimmer immer die gleiche Temperatur herrscht. *(Zweiter Buchstabe)*

Du kannst den gefürchteten _ _ _ _ _ _ _ _ _ _ _ _ aus deinem Zimmer verbannen, wenn du Smartphone und Laptop nicht eingeschaltet hast – zum Beispiel in der Nacht. *(Neunter Buchstabe)*

Wenn die Luftfeuchtigkeit aus deinem Zimmer nicht entweichen kann, bildet sich an den Wänden _ _ _ _ _ _ _ _ _ und der kann deine Gesundheit massiv beeinträchtigen. *(Siebter Buchstabe)*

Auf manche Schadstoffe und Gifte reagiert dein Körper mit Hautreizungen oder Ausschlägen. Du reagierst auf bestimmte Materialien also _ _ _ _ _ _ _ _ _ _. *(Fünfter Buchstabe)*

Um das Raumklima zu verbessern, solltest du dir _ _ _ _ _ _ _ _ _ _ _ _ _ _ _ zulegen, denn diese arbeiten wie ein Filter und sorgen so für saubere Luft. *(Erster Buchstabe)*

5 I Den Stromfressern auf der Spur (1)

Energie ist der wichtigste Treibstoff unserer Zivilisation. Um es schön warm zu haben, etwas produzieren zu können oder einfach nur mobil zu sein, sind wir auf Energie angewiesen. Dabei nutzen wir fossile Brennstoffe (tote umgewandelte Biomasse) wie Kohle, Erdöl oder Gas, bedienen uns aber auch zunehmend erneuerbarer Energien wie Sonne, Wasser und Wind. Das Problem der fossilen Brennstoffe ist dabei, dass sie nur begrenzt vorhanden sind und dass ihre Gewinnung immer schwieriger wird. Außerdem wird bei ihrer Verbrennung Kohlenstoffdioxid freigesetzt. Dadurch nimmt die globale Erwärmung ständig zu – mit katastrophalen Folgen für Mensch und Umwelt. Das Überleben der Menschheit hängt also auch von uns ab: Sind wir bereit, mit den vorhandenen Energiereserven künftig sorgsamer umzugehen und unseren Bedarf entsprechend einzuschränken?

Oft müssen die vorhandenen Energieträger weiterverarbeitet werden, bis wir sie im Haushalt oder in der Industrie nutzen können. So müssen Kohle, Öl oder Gas erst in elektrische Energie umgewandelt werden, um damit eine Lampe, einen Kühlschrank oder einen Computer zu betreiben. In der Regel wird diese Aufgabe von den Kraftwerken übernommen, in denen Wärme in Bewegung und Bewegung in Elektrizität umgewandelt wird. 20,7 % der in Deutschland verbrauchten Energie wird in diesem Sinne zunächst *verstromt* und dann an die Endverbraucher abgegeben. Zwar kommt auch bei dir der Strom aus der Steckdose. Aber es sollte dir nicht gleichgültig sein, wie er gewonnen wird und wie lange wir ihn noch nutzen können.

Strom sparen = Geld sparen!

Unter dem Eindruck der Katastrophe in einem japanischen Atomkraftwerk hat sich Deutschland für einen grundlegenden Wandel seiner Energiepolitik entschieden. Wichtigste Maßnahme der 2012 beschlossenen *Energiewende* ist die schrittweise Abschaltung der vorhandenen Atomkraftwerke und der verstärkte Einsatz erneuerbarer Energien. Bisher hatte die Atomenergie einen Anteil von 15,9 % am Stromaufkommen; dieser Anteil soll bis zum Jahr 2022 schrittweise heruntergefahren werden. Noch wichtiger als der Austausch des Atomstroms durch Energie aus Sonne und Wind ist die gemeinsame Anstrengung zum Energiesparen. Denn auch der Bau von Sonnenkollektoren oder die Errichtung von Windkraftanlagen stellt einen Eingriff in die Umwelt dar. Nur wenn es uns gelingt, künftig mit weniger Energie auszukommen, werden wir den Ausstieg aus der Atomenergie auch wirklich schaffen. Dabei sollte es für uns alle ein Anreiz sein, dass ein sparsamer Umgang mit Energie auch den eigenen Geldbeutel schont. Das kann bedeuten, sich von elektrischen Geräten zu trennen, die besonders viel Energie verbrauchen. Das kann aber auch bedeuten, bei der Nutzung elektrischer Geräte in Zukunft besser aufzupassen und die vorhandenen Haushalts- oder Unterhaltungsgeräte intelligenter zu nutzen. Denn jedes erfolgreiche Energiesparen beginnt im Kopf.

5 | Den Stromfressern auf der Spur (2)

1 In der linken Spalte sind zwölf elektrische Geräte aufgeführt, wie man sie in jedem Haushalt findet. Welche der in der rechten Spalte beschriebenen Tipps zum Stromsparen passen zu diesen Geräten? Verbinde richtig!

Geräte	Stromspartipps
1. Warmwasserboiler	a) In regelmäßigen Abständen abtauen! Je dicker die Eisschicht, umso mehr Strom muss aufgewendet werden, damit die Kälte ins Innere gelangt.
2. Herd	b) Erst einschalten, wenn sie wirklich voll beladen ist! Bei halber Ladung wird viel Energie vergeudet.
3. Kühlschrank	c) Nach jeder Benutzung den Stecker aus der Steckdose ziehen! Sonst wird das Gerät ständig geladen.
4. Gefriertruhe	d) Bei schnurlosem Betrieb lieber neben das Ladegerät legen! Erst aufladen, wenn der Akku wirklich leer ist.
5. Geschirrspülmaschine	e) Lieber ganz ausschalten, als es im Stand-by-Betrieb zu belassen! In Wartestellung wird jedes Gerät zum Stromfresser.
6. Wäschetrockner	f) Eine Mehrfachsteckdose mit integriertem Netzschalter verwenden! So genügt ein Handgriff, um alle Geräte vom Netz zu nehmen.
7. Elektrische Zahnbürste	g) Nur dann auf die höchste Temperatur einstellen, wenn wirklich geduscht oder gebadet wird. Ein Dauerbetrieb ist eigentlich überflüssig.
8. Waschmaschine	h) Das Ladegerät nach Gebrauch jeweils vom Netz nehmen! Nur so kann man sichergehen, dass wirklich kein Strom verbraucht wird.
9. Fernsehgerät	i) Das Gerät in den Sommermonaten lieber ausgeschaltet lassen. Außerdem gibt es ja noch eine Wäscheleine.
10. Rechner, Monitor, Drucker	j) Den Temperaturschalter nicht auf die höchste Stufe stellen! Auch bei einer Temperatur zwischen 5 und 7 Grad bleiben alle Lebensmittel frisch.
11. Telefon	k) Temperaturen von bis zu 60 Grad reichen vollkommen aus! Das gilt auch für weiße Wäschestücke.
12. Handy	l) Am besten schon vor dem Ende des Kochvorgangs abschalten und die verbleibende Restwärme nutzen! Das funktioniert immer. Ausnahme: Induktionskochfelder, die nach Abschalten der Platte schnell erkalten.

5 | Den Stromfressern auf der Spur (3)

Lügendetektor zum Stromverbrauch

Hinsichtlich des Stromverbrauchs geistern in den Köpfen zahlreiche Irrtümer und Legenden herum, die einer genaueren Überprüfung nicht standhalten. So wird zum Beispiel immer wieder behauptet, beim Geschirrspülen mit der Hand werde weniger Energie verbraucht, als bei der Nutzung einer Geschirrspülmaschine. Dabei ist längst nachgewiesen, dass es sich genau andersherum verhält.

2 Die folgenden Aussagen zum Umgang mit elektrischen Geräten können richtig oder falsch sein. Setze jeweils einen Haken (richtig) oder ein Kreuz (falsch) in das Kästchen.

☐ 1. Veraltete Heizpumpen sind die größten Stromfresser und gehören deshalb schnellstens ausgetauscht.

☐ 2. Leicht verderbliche Lebensmittel gehören immer ins oberste Fach des Kühlschranks. Denn dort ist es am kältesten.

☐ 3. Das Auftauen der Sonntagsbrötchen im Backofen verbraucht deutlich mehr Strom als das Aufbacken auf dem Toaster.

☐ 4. Der Backofen sollte immer vorgeheizt sein, weil dann zum Backen weniger Strom nötig ist.

☐ 5. Beim Kochen sollte möglichst viel Flüssigkeit verwendet werden. So lässt sich eine Menge Energie sparen.

☐ 6. Wasser sollte immer auf dem Herd erhitzt werden. Dabei wird viel weniger Strom verbraucht als in einem Wasserkocher.

☐ 7. Eine Trocknerladung verbraucht dreimal so viel Strom wie eine Waschladung. Der Wäschetrockner ist also der größere Stromfresser.

☐ 8. Computer, Drucker und Spielkonsole verbrauchen ein Viertel des Stroms, der in einem Vier-Personen-Haushalt aufgewendet wird.

☐ 9. Ein Laptop kann richtig teuer werden, weil er erheblich mehr Strom verbraucht als ein ganz normaler Standardcomputer.

☐ 10. Steckdosenleisten helfen beim Stromsparen. Es gibt sie inzwischen sogar mit Fernsteuerung, damit man sich nicht dauernd bücken muss.

☐ 11. Eine einzige Suche bei Google verschlingt so viel Energie wie eine moderne Vier-Watt-Energiesparlampe in der Stunde.

☐ 12. Damit ein Wasserbett die richtige Temperatur hat, müssen im Jahr 500 kWh Strom aufgewendet werden.

6 | Das umweltfreundliche Verkehrskonzept (1)

Wenn du nicht direkt nebenan wohnst, musst du dich morgens auf einen etwas längeren Weg machen, um zur Schule zu kommen. Wie alle anderen Schüler gehst du entweder zu Fuß, fährst mit dem Fahrrad oder dem Bus, nutzt eine Straßenbahn oder andere Verkehrsmittel. Vielleicht wirst du auch von deinen Eltern zur Schule gebracht.

Volle Straßen

Morgens sind viele Menschen unterwegs, die alle verschiedene Ziele haben. Die einen sind wie du auf dem Weg zu ihrer Schule, andere fahren zur Arbeit oder zum Sport. Es sind also auch viele Fahrräder, Fußgänger, Autos, Busse und Bahnen unterwegs. An großen Kreuzungen oder anderen Hauptverkehrswegen ist es deshalb oft sehr voll und es staut sich.

1 Beschreibe in kurzen Sätzen deinen Schulweg.

____

____

____

____

2 Denke nun über deinen Schulweg nach: Welche Verkehrsprobleme fallen dir ein? Liste sie auf.

____

____

____

____

6 I Das umweltfreundliche Verkehrskonzept (2)

3 Veranschauliche deinen Schulweg und die dort auftretenden Verkehrsprobleme und fehlenden Sicherheitsmaßnahmen in einem Stadtplan.

Klebe oder zeichne hier deinen Stadtplan auf:

Verwende dazu ein frei zugängliches Kartenprogramm im Internet. Dort kannst du deinen Wohnort und den Standpunkt deiner Schule eingeben und den passenden Ausschnitt auswählen. Drucke den Ausschnitt aus, wenn du die Möglichkeit dazu hast. Wenn nicht, zeichne die Karte so gut du kannst ab.

a) Verdeutliche mit einem Symbol, mit welchem Verkehrsmittel du morgens zur Schule kommst.
Kennzeichne dann den genauen Weg.

b) Markiere, wo auf deinem Schulweg sehr viel Verkehr ist.

c) Markiere, wo der Schulweg für dich unsicher ist und beschreibe an der Stelle auch den Grund. Fehlt z. B. ein Fahrradweg oder ein Zebrastreifen?

Stelle deine Ergebnisse in einer kurzen Präsentation deinen Mitschülern vor. Du wirst sehen: Unter ihnen sind bestimmt welche, die die gleichen Verkehrsprobleme aufgedeckt haben. Überlegt gemeinsam: Was müsste unternommen werden, um den Schulweg sicher zu gestalten?

6 I Das umweltfreundliche Verkehrskonzept (3)

4 Recherchiere: Gibt es offizielle Zukunftspläne deiner Stadt, die Verkehrsnetze und Verkehrssicherheit weiter auszubauen? Wie könnten sich die Planungen auf die Umwelt auswirken?

Auswirkungen auf Mensch und Umwelt

Mobilität hat immer Auswirkungen auf Mensch und Umwelt. Belastungen entstehen zum Beispiel durch den Ausstoß von Kohlenstoffdioxid.

5 Überprüfe deinen Schulweg auf seine Umweltfreundlichkeit.

a) Welches Verkehrsmittel nutzt du und weshalb?

b) Könntest du mit einem umweltfreundlicheren Verkehrsmittel genauso schnell oder sogar schneller ans Ziel kommen – und vielleicht nebenbei sogar etwas für deine Gesundheit tun? Begründe deine Antwort.

FÜHRERSCHEINPRÜFUNG C

(Blatt 1)

1 Im Rahmen des Trainings werden dir einige neue Begriffe aufgefallen sein. Inzwischen dürftest du aber wissen, 5

- worum es bei der *Energiewende* geht.

  ....

- was alles zur *Flora* gehört.

  ....

- was mit *fossilen Brennstoffen* gemeint ist.

  ....

- was es mit dem *Härtegrad* auf sich hat.

  ....

- was ein *ökologisches* Thema ist.

  ....

2 Wie bekommst du heraus, bei welcher Temperatur du dein neues T-Shirt waschen solltest? 1

....

3 Ergänze die folgenden Satzanfänge so, dass daraus Tipps für ein umweltfreundliches Waschen werden. 5

① Wäsche bei 95 Grad zu waschen, …

....

② Die Dosierung des Waschmittels richtet sich …

....

③ Die Verwendung eines eigenen Weichspülers …

....

④ Durch den Einsatz eines Entkalkungsmittels …

....

⑤ Zum Trocknen der Wäschestücke …

....

FÜHRERSCHEINPRÜFUNG C (Blatt 2)

4 Auf der Verpackung findest du sieben Informationen, um dir ein Bild über den Nährwert eines Lebensmittels zu machen. Welche Information fehlt in der folgenden Aufstellung? 1

Kalorien	Kohlenhydrate
Fettanteile	Eiweißgehalt
Gesättigte Fettsäuren	Salzanteil

....

5 Was solltest du wissen, ... 5

① ... wenn du einen „Fruchtjoghurt ohne künstliche Farbstoffe" kaufst?

....

② ... wenn du „Kartoffelchips light" kaufst?

....

③ ... wenn du ein „Früchtemüsli ohne Zuckerzusatz" kaufst?

....

④ ... wenn du ein Produkt kaufst, bei dem „Kunstkäse" enthalten ist?

....

⑤ ... wenn du einen „Alaska-Seelachs" kaufst?

....

6 In die folgenden Empfehlungen für eine umweltgerechte Schule hat sich jeweils ein falsches Wort eingeschmuggelt. Streiche es aus und ersetze es durch eine passende Formulierung. 5

① Vor der Schule dürfen die Autofahrer nur noch Tempo 50 fahren. ....

② Das Energiesparteam überprüft zum Stundenende, ob wirklich alle Türen geschlossen sind. ....

③ Ich jedem Klassenzimmer findet sich eine grüne Tonne, in der das Papier entsorgt wird. ....

④ Das Schwätzen im Unterricht ist in allen Fächern und bei allen Lehrern erlaubt. ....

⑤ Auf dem Boden der Turnhalle wird Rasen angesät, um Energie zu sparen. ....

FÜHRERSCHEINPRÜFUNG C (Blatt 3)

7 Beantworte folgende Fragen. 5 |

① Warum solltest du in deinem Zimmer auf einen Teppichboden verzichten?

....

② Warum solltest du die Wände nicht mit Kunstharz oder Lacken bemalen?

....

③ Warum sollten in deinem Zimmer keine Möbel aus Spanplatten stehen?

....

④ Warum sollte dein eingeschaltetes Smartphone nicht neben deinem Bett liegen?

....

⑤ Warum solltest du dich in deinem Zimmer mit vielen Pflanzen umgeben?

....

8 Welche Tipps zum Energiesparen verbinden sich für dich mit den folgenden Elektrogeräten? 5 |

① Fernseher

....

② Geschirrspülmaschine

....

③ Herd

....

④ Kühlschrank

....

⑤ Rechner, Monitor, Drucker

....

9 In den folgenden Aussagen geht es um das Energiesparen im Haushalt. Du hast dich hier jeweils zwischen zwei Alternativen zu entscheiden. Streiche jeweils die falsche Antwort durch. 5 |

① Eine Waschmaschine verbraucht *weniger/mehr* Strom als ein Wäschetrockner. ....

② Zum Erhitzen von Wasser sollte man *den Herd/den Wasserkocher* einsetzen. ....

③ Leicht verderbliche Lebensmittel gehören immer in das *unterste/das oberste* Fach des Kühlschranks. ....

④ Beim Kochen sollte *möglichst wenig/möglichst viel* Wasser verwendet werden. ....

⑤ Ein Laptop verbraucht *mehr/weniger* Strom als ein Standardcomputer. ....

10 Für deinen täglichen Schulweg stehen dir unterschiedliche Fortbewegungsmöglichkeiten offen. Sortiere diese nach dem Grad ihrer Umweltbelastung. Die umweltfreundlichste Alternative sollte auf dem ersten Platz stehen.

6	

	Du bildest mit Lina und Olga eine Fahrgemeinschaft und lässt dich von Linas Vater zur Schule bringen.
	Du legst deinen Schulweg mit dem Omnibus zurück.
	Du kommst morgens zu Fuß zur Schule.
	Du lässt dich von deiner Mutter mit dem Auto zur Schule fahren.
	Du fährst mit einem batteriebetriebenen Fahrrad zur Schule.
	Du bist auf dem Weg zur Schule mit der Straßenbahn unterwegs.

43 Punkte kannst du erreichen. Viel Erfolg!

43	

Quellenverzeichnis

Coverillustration © Romolo Tavani – Fotolia.com

S. 12 Tuschkasten und Malstifte © Marina Lohrbach – Fotolia.com

S. 16 Wasserhahn © jufo – Fotolia.com

Marmeladenglas © Zerbor – Fotolia.com

Kaffeefilter © manulito – Fotolia.com

Medikament © TR Design – Fotolia.com

Jacke © BoL – Fotolia.com

Zeitschrift © Christian Müller – Fotolia.com

Drucker © sonnne Fleckl – Fotolia.com

Haarspray © euthymia – Fotolia.com

Farbeimer © VRD – Fotolia.com

Leiter © Kaesler Media – Fotolia.com

Turnschuhe © vladakela – Fotolia.com

Faltschachtel © rdnzl – Fotolia.com

Batterien © Scanrail – Fotolia.com

Insektengift © traveldia – Fotolia.com

Taschentuch © tournee – Fotolia.com

Plastikbecher © Andre Bonn – Fotolia.com

Flasche © Luminis – Fotolia.com

Küchenabfall © M. Schuppich – Fotolia.com

Legosteine © Sven Bähren – Fotolia.com

S. 22 Schulweg © Jacek Chabraszewski – Fotolia.com

S. 23 Checkliste © niroworld – Fotolia.com

S. 32 Fair und regional © stockWERK – Fotolia.com

S. 68 Radweg © VRD – Fotolia.com